JN205401

常勝ドイツの
プレッシング
メソッド

ラルフ・ペーター［著］

須田芳正［監訳］ 福岡正高［訳］

Pressing im Fussball

TOYOKAN BOOKS

はじめに

　慶應義塾大学体育会ソッカー部（サッカー部）の監督時、2年に一度海外遠征を企画した。最初は、私が留学していたオランダ、そしてスペイン、ドイツと希望者を募って遠征を行ってきた。

　遠征の内容は、親善試合、現地コーチによる指導、試合観戦、観光。学生の頃に異文化に触れることは、サッカーの強化だけでなく今後の人生においてよい経験になると考えてのことである。

　私も最初のオランダ遠征に続き、2018年の2度目のドイツ遠征に帯同した。そこで知り合ったのが、訳者の福岡正高さんである。彼には遠征時に大変お世話になった。私たちのわがままに対して嫌な顔一つせず、願いをかなえてくれた。

　また、ドイツサッカーの現状、ドイツ人の気質、生活などいろいろな話を伺うことができた。その中で、「よい本があるんですよ。日本の指導者に是非読んでもらいたい」と紹介されたのが本書である。

　本書は現代サッカーにおいて大きなテーマの1つであるプレッシングを定義した指導書である。プレッシングとは何かが整理、明確化され、プレッシングの真髄に迫り、具体的なプレッシングスタイルを掘り下げ、それを達成するためのトレーニング方法、その際に頻繁に起こりうるミスアクションなどが紹介されている。

　今後5年、10年と変わらぬであろう現代サッカーの重要テーマに迫ったドイツサッカーの叡智を結集した1冊である。

2018 年ロシアワールドカップでのドイツ代表は不甲斐ない戦いぶりであった。3 大会連続前回の優勝国が予選リーグを敗退している現実を見れば、追われる立場の難しさを感じることができる。

　しかしながら、言うまでもなくドイツはサッカー大国であり、再び世界のトップに躍り出ることは疑う余地もない。一方、日本代表は予選リーグを突破し、世界に日本のサッカーが順調に成長していることを印象付けた。しかし、日本のサッカーは世界のトップレベルに達していないことを忘れてはいけない。

　まだまだサッカー先進国であるドイツから学ぶべきことはたくさんある。

　これまで日本では、プレッシングを定義した専門書はなく、多くの指導者は試行錯誤しながら指導している。本書は、すぐにでもトレーニング実践の場で活用できる内容であり、教科書としてプロ、アマ問わずたくさんの指導者に利用していただければ幸いである。

須田芳正

本書は、ドイツで実際に行われている指導をベースに、プレッシングの戦術とその練習方法を解説しています。まず最初にこのページをお読みになり、本書の見方を理解して、実際に指導してみてください。

図の見方

プレッシングチーム	相手チーム	ボール	選手の動き	パス	ドリブル

GK	CB	SB	MF	FW
ゴールキーパー	センターバック	サイドバック	ミッドフィルダー	フォワード

戦術解説

このページで覚えていただきたい戦術を解説しています。目的やメリット、デメリットを、自分の言葉で選手たちに説明できるようになるのがゴールです。

❶戦術内容・テーマ

このページで習得する戦術、テーマを示しています。

❷解説

この戦術を実行するための、目的やメリット、デメリットを解説しています。

❸ポイント

この戦術を理解するための、要点をまとめています。

アクション解説

戦術を実行するに当たっての、必要なアクションを解説しています。進め方を理解しながら、実際の試合で使えるようになるのがゴールです。

❶アクション内容

このページで習得するアクションを示しています。

❷手順

このアクションを実行するための手順を解説しています。

❸ GOOD・NG

このアクションにおける、良い例と悪い例を解説しています。

状況解説

実際の試合で想定されるシチュエーションにおけるアクションを解説しています。POINTをおさえて、臨機応変に対応できるようにすることがゴールです。

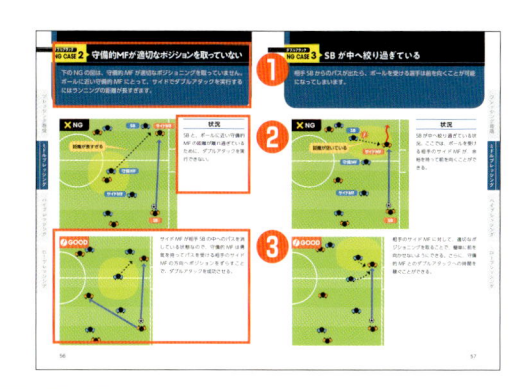

❶図の解説

実際の試合で起こりうるシチュエーションを解説しています。

❷状況解説

そのシチュエーションでの、選手のアクションを解説しています。

❸ポイント

このシチュエーションにおけるアクションの要点を示しています。

練習メニュー解説

戦術を身につけるための練習メニューを解説しています。解説の通りするだけでなく、レベルに応じてアレンジを加えるのもよいでしょう。

❶練習メニュー名

このページで解説する練習メニューを示しています。

❷ねらい

この練習メニューの主な目的を示しています。

❸準備

この練習メニューで最低限必要な準備を示しています。

❹手順

練習メニューの流れを解説しています。

❺練習アレンジ

練習メニューのバリエーション、発展練習を紹介しています。

❻チェックポイント

この練習メニューの注意していただきたいポイントをまとめています。

contents

第**3**章 ハイプレッシング ･･･････････････････････ **81**

第**4**章 ロープレッシング ………… 97

親愛なる指導者の皆さんへ

　私の指導者向けの講義に、「ゾーンディフェンス」特に「プレッシング」というテーマがあります。多くの参加者の方が大きな興味を示されます。参加者の方からは、たくさんの質問があり、講義に特別な関心を持たれます。スポーツアカデミー 24 オンラインゼミナール「ゾーンディフェンス」では、プレッシングをテーマに 6 つの講義を発信しています。

　このゼミナールに向けたフィードバックとして、講義で行われたすべての情報を電子書籍にしてほしいという声が数多くありました。そのため、私はこの電子書籍を制作することに決めたのです。

　本書にて、「プレッシング」についての内容豊かで多くの詳細な情報を提供しています。

**皆さんのチームが
プレッシングに成功することを願っています！**

　　　　　　　　ドイツサッカー協会指導者育成責任者
　　　　　　　　ラルフ ペーター

第1章

プレッシング概論

テーマへの導入

プレッシング概論

ミドルプレッシング

ハイプレッシング

ロープレッシング

　現代サッカーにおける守備アクションは、守備陣だけの役割ではなく、ボールを失った後に、すべての選手がひとつになって、ボールを奪い返すことが原則となります。それゆえに、攻撃陣も守備の役割を担います。

　たとえば、1シーズンに20〜30ゴールを取れるFWがいるとします。彼らは監督の指示によって守備を免除されることがあります。なぜなら、その選手の力で試合の勝敗を決めることが可能だからです。もし、そのFWが多くの守備的な役割を要求されたら、彼らの能力を削ぐ可能性があるのです。1トップでボールを取りにいけば、たいていの場合、2トップよりも走行距離が長くなってしまいます。このように現代サッカーにおいて、基本フォーメーションと戦術は大きな役割を果たします。また、相手の基本フォーメーションを見極めた上で、戦術を選択することが求められます。

戦術へ向けた基本的な考え

「どの高さで守備をするのか？」「どこでボールを奪うのが理想なのか？」「積極的に中へ、それとも外へ誘導するのか？」。これらのアクションは、守備戦術全体に大きな影響を与えます。なぜならそのシステムは、選手たちの長所、弱点などを考慮して実践されるからです。

また、対戦相手の基本フォーメーションも重要になります。「相手がコンパクトにポジショニングをしているところはどこか？」「選手たちはそれぞれのポジションでどう動いているのか？」。これらは、自チームの守備戦術に影響を与える基本的な問いになります。また、「チームとしての守備アクションは、より積極的にボールを奪いにいくべきか？」、それとも「相手チームがミスをするのを待つべきか？」という選択は、すべての監督が戦術を決めるうえで、最も重視すべきことです。

プレッシングの定義

一般的に実践される守備のスタイルが「プレッシング」であり、それは積極的にボールを奪いにいくことです。このボール奪取を狙う戦術は、2対1の優位な状況をつくり、ボールホルダーに対して、できる限りダブルアタックをかけることが目的です。

▶ プレッシングの際に何を考慮すべきか？

❶ チームの基本フォーメーションと相手の基本フォーメーション
❷ どのゾーンで実行されるのか？
❸ どこでボールを奪うのが理想的か？
❹ どのようにプレッシングが実行されるのか？

▶ プレッシングの種類

ピッチを3つのゾーンに区切り、敵陣のゴール付近で実行するプレッシングは、ハイプレッシング（攻撃的プレッシング）、もしくは「フォアチェッキング」とも呼ばれます。この概念はアイスホッケーからきたものです。

相手の守備ブロックを引き出し、自陣でプレッシングをかけることがロープレッシング（守備的プレッシング）です。最も一般的に行われるプレッシングは、ミドルプレッシング（中盤でのプレッシング）です。それが実行されるスペースは、センターラインの前後約15mの範囲となり、そのスペースで積極的にボールを奪いにいきます。

ミドルプレッシング
– 中盤における守備 –

ミドルプレッシングで重要なことは、4バックと4人のMFと2人のFWとで、コンパクトな守備ブロックを形成すること

ミドルプレッシングは、最も一般的な守備方法です。上の図は、ミドルプレッシングが行われるスペースを示しています。監督の哲学や試合状況によって、自陣方向へずれたり、敵陣に入り込んだりすることもあります。

ミドルプレッシングのメリットとデメリット

メリット ▶ ポジショニングが安定しやすい

GK は相手のロングボールに対応しやすい

自陣ゴールからそれほど距離がないために、守備をするにはよいスタートポジションになります。また、以下の3つの流れが状況に応じて可能になります。
①積極的に相手を操作
②誘導（相手をコントロール）
③封鎖（FW がボールを出した DF に対して再びボールを返せないようにパスコースを消しながらプレッシャーをかける）
また、ボール奪取後は、相手ゴールへの距離は比較的短くなります。

デメリット ▶ 相手にプレッシングをかけ続けられない

30m〜40m

守備陣背後のサイドのスペースを狙われると危険

サイドチェンジ、ダイアゴナルパス（斜めのロングパス）のときに危険な状況になります。また、相手のパスに対して頻繁にリアクションをとることになるので、常にアクティブな守備というものは不可能になります。そのため、ボールホルダー（敵の守備の選手）に対して、永久的にプレッシングをかけ続けることはできません。

POINT

ミドルプレッシングでは、相手のボールホルダーにプレッシャーを与え、プレッシングを実行するスペースへ誘導する。

ハイプレッシング
- 攻撃陣における守備 -

①スタートポジション

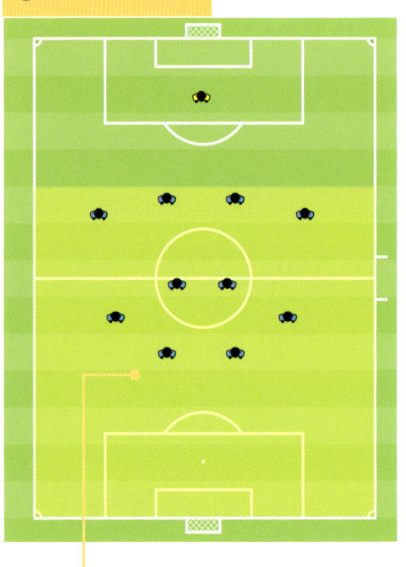

試合の状況に応じて、チームブロックのスタートポジションが敵陣内の深くにずれ込むこともある。

②プレッシングが実行されるポジション

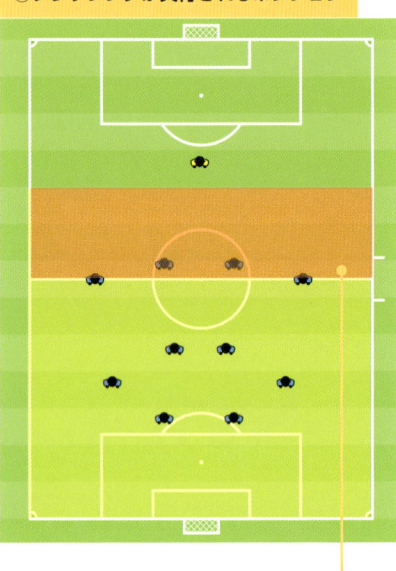

ハイプレッシングは、得点をするチャンスと、守備陣の背後を突かれて失点するリスクが同時にある。

　ハイプレッシングはミドルプレッシングから発展させることができます。②の図が示すように、相手のショートパスを待ち、攻撃陣からプレッシングを実行するために、守備ブロックを押し上げます。そうすることで、ミドルプレッシングからハイプレッシングへと発展させることができます。

ハイプレッシングのメリットとデメリット

メリット ▶ 常にアクティブな守備ができる

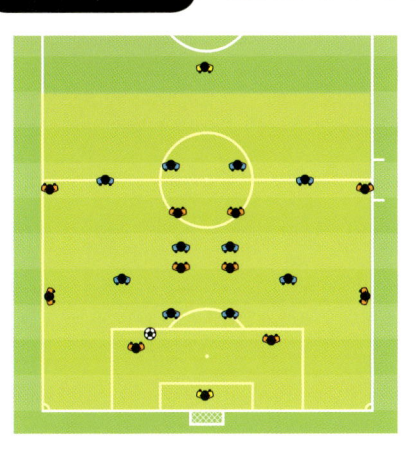

相手にプレッシャーをかけ続ける守備ができます。また、ロングボールを強制したり、1対1を誘発したりすることもできます。ボールを奪うことに成功すれば、相手のゴールへ非常に短い距離で迫ることができます。

デメリット ▶ 守備陣背後へのロングボールに弱い

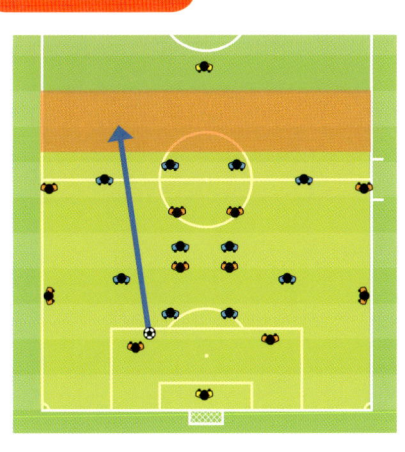

チームは自陣ゴールから、遠く離れて守備をしています。広いスペースでの守備は、狭いスペースでの守備よりも難しくなります。また、守備陣背後にロングボールが通されたら、危険な状況になります。さらに、他の戦術に比べて、ハイプレッシングでは、ある1人の選手のミスが致命的なシーンにつながる可能性が高まります。

POINT

ハイプレッシングは、試合状況や、時間帯、相手のストロングポイントとウィークポイントを踏まえて実行する。

ロープレッシング
- 守備陣における守備 -

20m
〜
25m

ボールを失った直後に、すべての選手が自陣まで戻る。2人のFWはセンターラインより後方へ、4バックは自陣ゴールの20m〜25m前にポジショニングをとる。最優先の目標は失点をしないことである

　上の図は、自陣深くでプレッシングを実行するときのスペースを示しています。上の図のように、自陣ゴール付近でチームとして守備ブロックをコンパクトにしています。この守備的な戦術をロープレッシングと言います。

ロープレッシングのメリットとデメリット

メリット ▶ コンパクトな守備ブロックをつくれる

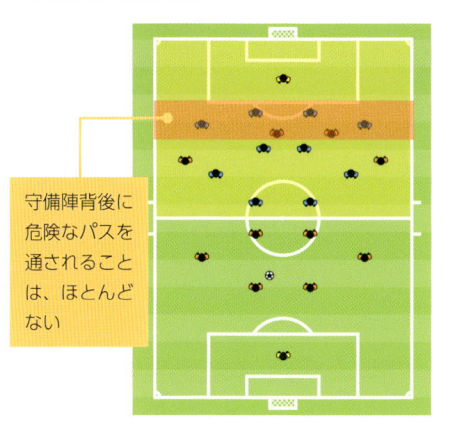

守備陣背後に危険なパスを通されることは、ほとんどない

ロープレッシングは、コンパクトに守備ブロックを固めることができます。自陣ゴール前であれば、守備陣背後に危険なパスが通されることは、ほとんどありません。その危険なパスは、完璧なタイミングである必要があり、たいていの場合、GKに処理されてしまいます。また、ボールを奪ったなら、相手守備陣背後にカウンターを狙うための十分なスペースがあります。

デメリット ▶ 受け身の守備になってしまう

ボールを失った場合、守備ブロック編成までの距離が長くなる

スペースを埋めることはできますが、試合の主導権を握るアクティブな守備は、ほぼ不可能になります。つまり、相手の攻撃に対して受け身の守備をすることになるのです。また、ボールを失った後の、守備ブロック編成までの距離が、特にFW陣にとっては長くなります。それによって、相手チームはゴール前の危険なゾーンへ、ロングボールを蹴り込むことが可能です。セカンドボールを拾われればピンチになります。

POINT

自陣へ引くことでゴールをブロックできるが、相手のビルドアップに対して、計画性のあるボール奪取が困難になる。

ボールを奪う位置

プレッシング概論

ミドルプレッシング　ハイプレッシング　ロープレッシング

　プレッシングゾーンの次に考えることは、「どこでボールを奪うのが理想的か？」ということです。ボールを奪うのは、より中央で実行されるべきか？もしそうであれば、相手を中へ誘導するプレッシングが徹底されなくてはいけません。自陣ゴールから距離があれば問題はありませんが、自陣ゴール目前で中へ誘導し、ミスをすれば、一気にピンチになります。

　その次に考えることは、「プレッシングはどのように実行されるのか？」です。「相手を誘導するプレッシング」「プレッシングターゲット」とは何か。また、この状況ではFW陣の守備アクションが重要な役割を担います。ここでは、「状況に応じたプレッシング」の過程で、FW陣の守備アクション戦術について説明していきます。

基本フォーメーション

▶ 2トップの場合

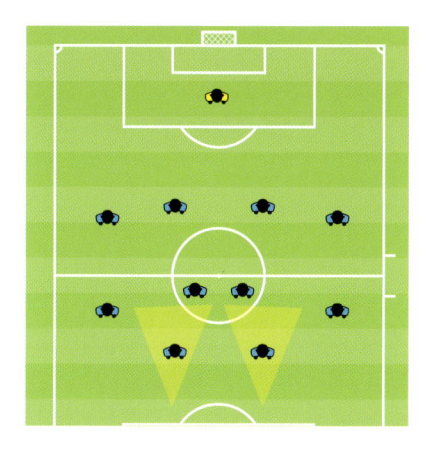

2トップ対4バックの状況では、基本的に4バックがビルドアップする（攻撃を組み立てる）際に中央スペースへボールを出すことは難しくなります。これは、相手のビルドアップに対して、間接的な誘導となります。つまり、ボールを保持するDFは、たいていの場合、サイドへボールを出すことが多くなります。

▶ 1トップの場合

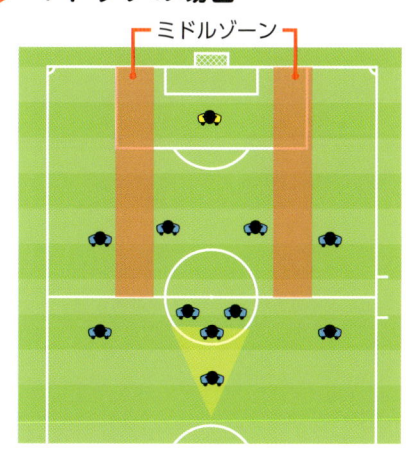

ミドルゾーン

1トップの場合、相手CBはミドルゾーンへのパスが容易となり、相手はこのスペースへドリブルで侵入することも可能です。

POINT

相手DFがボールを保持するときに、FWが「どうアプローチして、どのスペースを消すのか」が重要になる。

2トップはどのように動くのか？
何が効果的なのか？

むやみに飛び込まずに、後方の選手たちとコミュニケーションをとって、ボールホルダーへアプローチする

ボールから遠いFWとして、ボールに近いFWとの意思疎通を図り、自分から近いDFの状況を確認する

CBはチャンスがあれば、守備的MFもしくはミドルゾーンへ縦パスを狙う

プレッシングチームは、このスペース（ミドルスペース）を相手に活用させないよう注意する

　ボールを保持している相手のCBに対して、2トップのアプローチは平行になるのか、それとも1人が前に出て、もう1人がカバーに入るのか、どちらがベストになるのか見てみましょう。

2トップの動き方のバリュエーション

NG ▶ 2人が平行を保つ

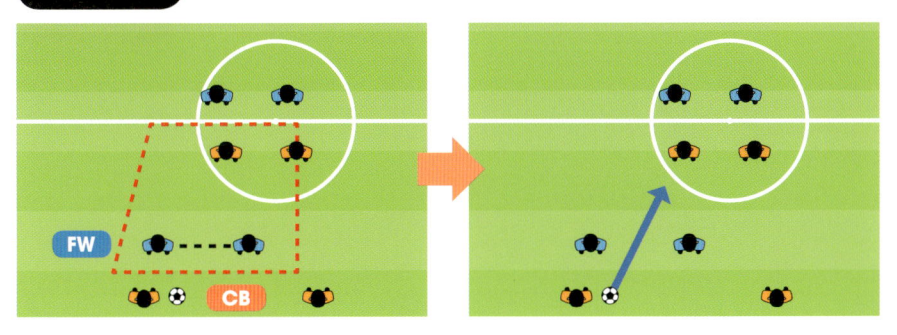

2トップが平行になると、相手CBが両者の間にパスを通すことが簡単になります。また状況によっては、中央スペースで数的不利に陥ります。

GOOD ▶ 1人がチャレンジ、もう1人がカバー

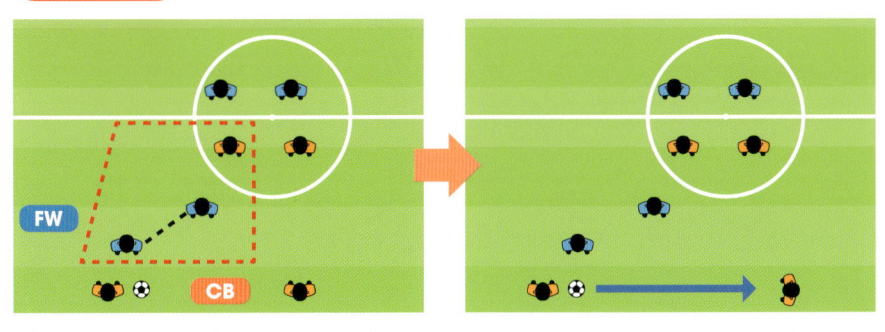

ボールに近いFWが相手CBにアプローチをかけます。もう1人のFWは、中央へのパスコースをふさぐようにして、カバーに入ります。そうすることで、サイドのCBへのパスを誘導します。

POINT

2トップは、相手のCBから守備的MFへの縦パスを通させないように、ポジショニングをとる。

セットオフポジション
ー チャレンジ＆カバー ー

プレッシング概論

ミドルプレッシング

ハイプレッシング

ロープレッシング

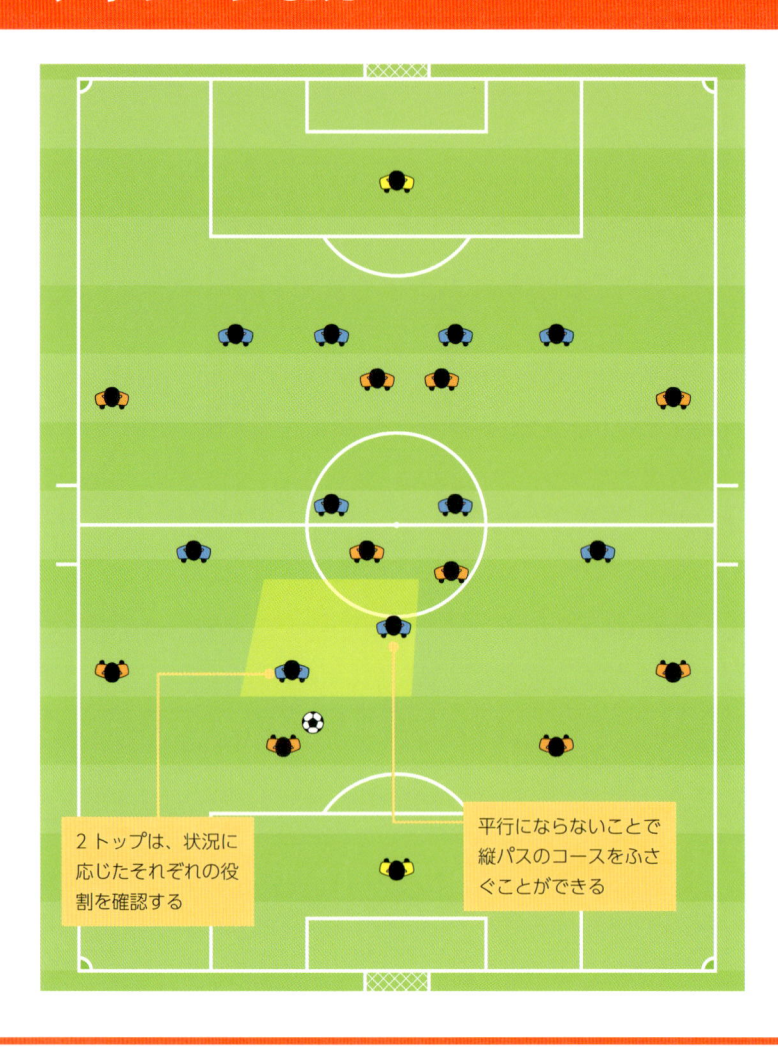

2トップは、状況に応じたそれぞれの役割を確認する

平行にならないことで縦パスのコースをふさぐことができる

　FW 2人の間を通されるパスは避けます。そのためには、2トップが平行にならずに、1人がボールホルダーへ、もう1人がカバーに入ることが大切です。これを本書では、「セットオフポジション」と呼びます。

2トップの動き方のバリエーション

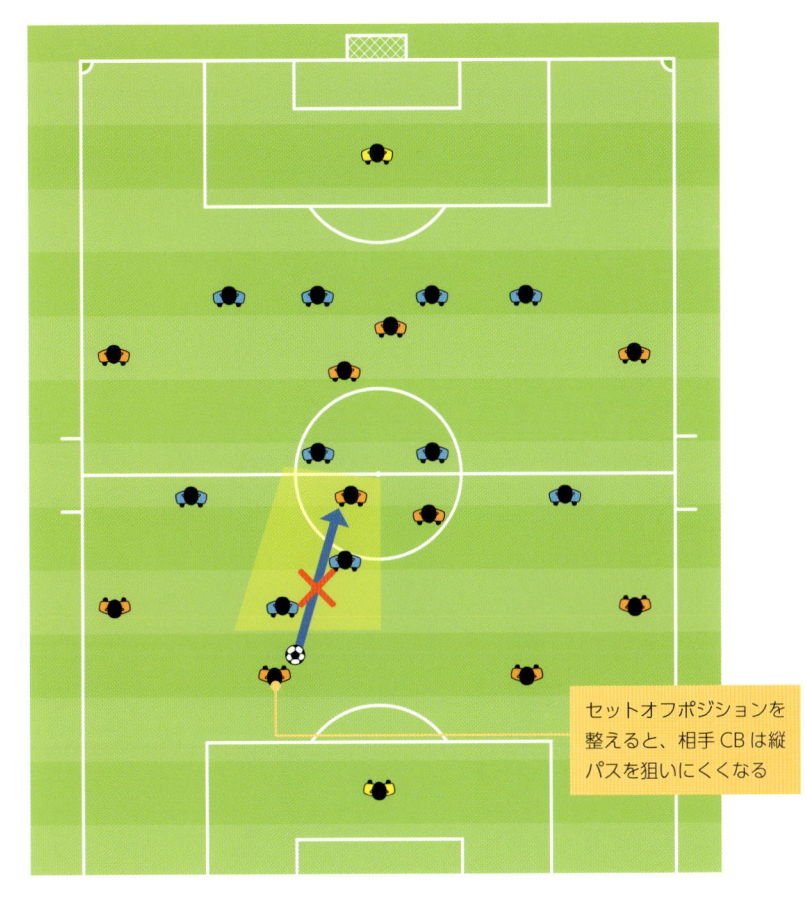

セットオフポジションを
整えると、相手CBは縦
パスを狙いにくくなる

プレッシング概論

ミドルプレッシング

ハイプレッシング

ロープレッシング

この状況では、攻撃側のチームは中央にパスを通すことは難しくなります。相手の攻撃
を外へ誘導したい場合、上の図のような2トップのアクションが効果的です。この戦術
を実行するには、1トップでは難しく、2トップの場合のみ実行できます。1トップの
場合、FW1人で大きなスペースを埋めることが難しいのです。

POINT

**セットオフポジションは、FWだけに限らず、多くの場面で
ベースになり、2選手間における基本戦術となる。**

アプローチ ― 誘導 ― 封鎖

　ここまでは、受動的な FW のアクションを解説してきました。しかし、FW が積極的にアクションを起こすことで、状況によっては相手の守備アクションを操作することもできます。この一連のアクションは、アプローチ（スタート）→誘導→封鎖（パスコースの切断）となります。

　ここで重要なことは、これに当てはまる状況を判断することと、相手のミスを誘発することです。ボールホルダーへアプローチするときに重要なことは、「いつ？ そしてどのように？」ということです。

　たとえば、相手 CB がボールを保持し、パスを出せる状態でいるとします。このとき彼は、相手の FW がボールを狙ってプレッシングをスタートしているのを確認できるため、そのプレッシングに対して適切に対応できます。ここでは、その状況における基本的原則を解説していきます。

相手がコントロールする瞬間を狙う

ボールが CB に向かっている間は、彼はボールに視線を向けるために、向かってくる選手へ即座に適切に対応することが難しくなります。効果的なのは CB がトラップする瞬間にプレッシャーをかけることです。

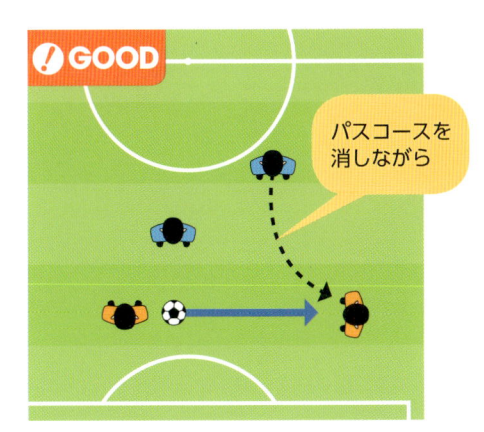

手順

FW ①は、相手の CB がトラップする瞬間を狙ってアプローチをかけていく。

そのために、相手 CB へプレッシャーをかける際に、自らの走行距離や、走るスピード、パススピードを常に考慮しなければならない。

軽い曲線を描きながらアプローチすることで、もう1人の CB へのパスコースを消す。

アプローチの曲線が大きくなってしまうと、CB に前へドリブルされてしまう。

パスコースを中へもしくは外へと限定することができる場合、サイドMF
はボールホルダーへプレッシャーをかけることが効果的です。

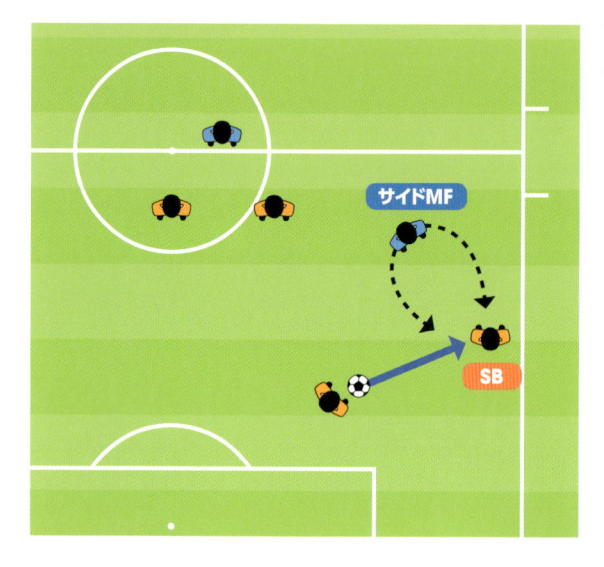

手順

サイドMFは相手のSBへプ
レッシャーをかける。
相手SBからのパスを、中ま
たは外へと限定することがで
きるとき、そして、相手SB
がトラップする瞬間にアプ
ローチをかける。

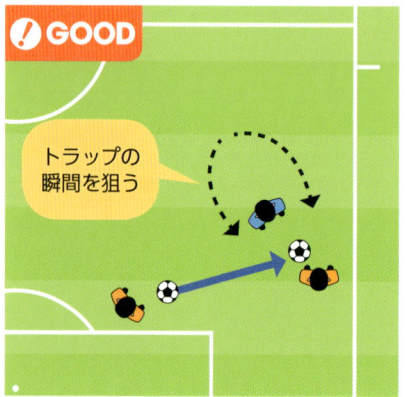

相手のSBがボールを待ち、トラップを
する瞬間にプレッシャーをかける。

相手の守備的MFにボールが渡った後
にスタートしている。

相手の SB が前を向いた状態で足元にボールを保持するときは、サイド MF の選手のポジショニングが重要になります。ここでは、慌ててアタックに行かず、注意深く対応します。

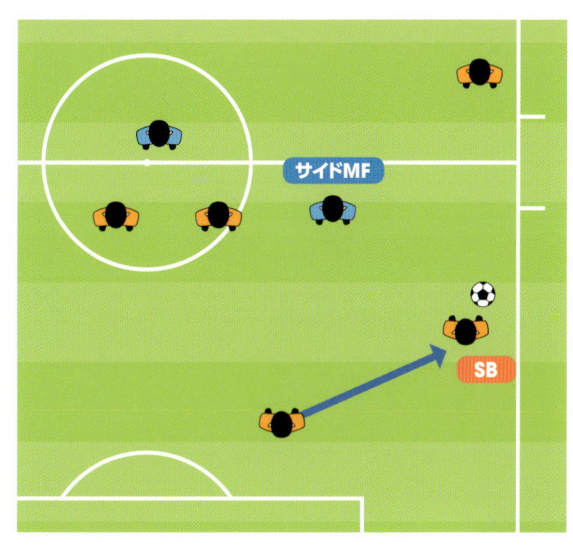

手順

相手の SB が前を向いた状態で足元にボールを保持するとき、注意深く対応する。

落ち着いてアプローチし、相手 SB にスピードのあるドリブルをさせないよう、間合いを詰めて、相手の攻撃を遅らせる。

落ち着いてアプローチする

適切なアプローチはパスコースを限定し、相手の攻撃を遅らせる。

反応が遅れ飛び込んでかわされる

慌ててボールを奪いにいくと、簡単にかわされ、後方で不利な状況をつくられてしまう。

相手を中へ誘導する

相手を中へそれとも外へ誘導するのかという問いは、監督の哲学と試合状況によって決まります。次の図は、中へ誘導しようとアプローチし、プレッシャーをかけるシーンです。

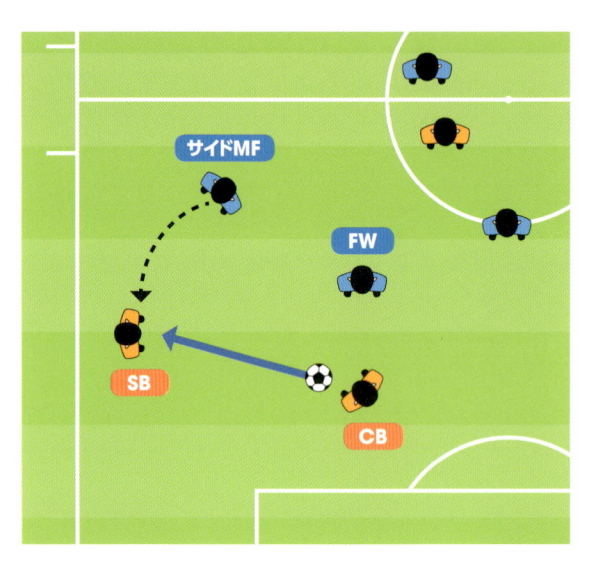

手順

サイドMFは、相手SBの縦パスを切るために、外から中に弧を描いてアプローチする。

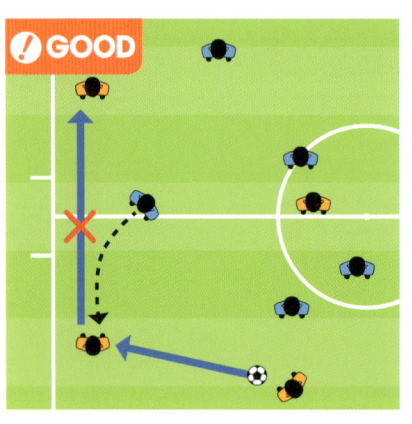

縦へのパスコースを切りながら、プレッシャーをかける。

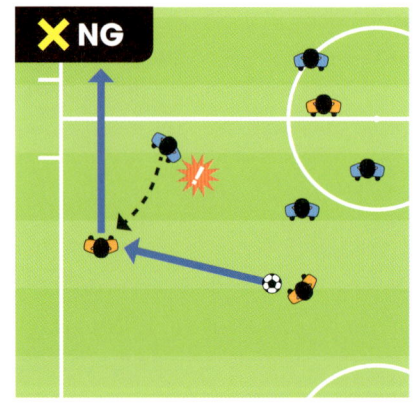

スタートが遅くなり、適切な弧を描けていないため、パスコースを切ることができない。

相手を外へ誘導する

次の図は、相手を外へ誘導しようとアプローチし、プレッシャーをかけにいくシーンです。

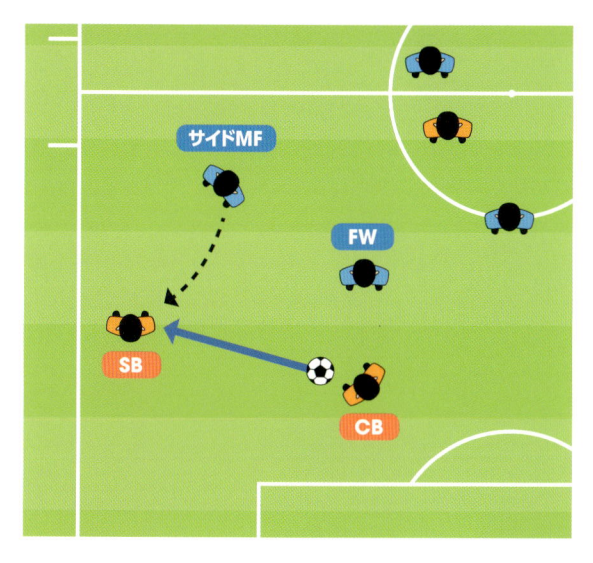

手順

サイド MF は、ライン沿いに出る縦パスを誘発するために、中から外への曲線を描いてアプローチし、相手 SB を外へ誘導する。

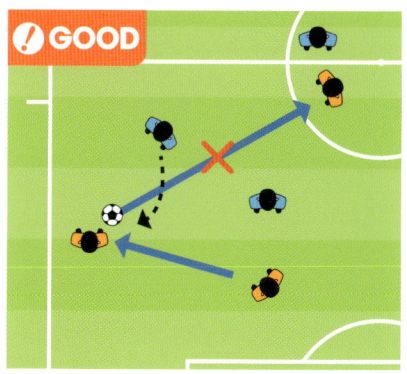

中へのパスコースを切りながら、プレッシャーをかける。

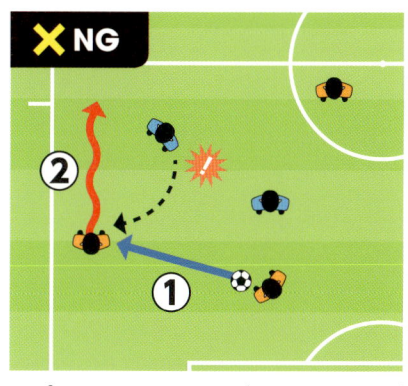

アプローチの際に曲線が大きくなりすぎたり、スタートが遅れたりしてしまうと、相手SBにドリブルでかわされてしまう。

ドイツサッカー環境

　日本でもすでに知られていると思いますが、ドイツでは日本のような部活動はありません。

　子どもたちは、学校が終わったら家に帰り、食事を済ませて、個人の時間を大切にします。サッカーをしたい子どもは、どこかのクラブに所属して、夕方から始まる練習に参加するのです。すべてのクラブがそれぞれにグラウンドを持ち、そこにはロッカールームや、軽食の取れるカフェなどが併設されているのが一般的です。

　週末には、朝から夕方まで、キッズから社会人チームが、試合をしています。

　クラブが活動を行うグラウンドは、多くの場合、自治体が所有するものであり、一般市民のサッカー活動のために維持・管理されています。そして、その施設を管理するために、自治体は管理人を雇い、彼らが日本で言う大家さんのような役割を果たしているのです。土のグラウンドをならしたり、人工芝のグラウンドや、天然芝のグラウンドの手入れをした

りします。他にも、ドアが壊れたといえばそれを直し、トイレが詰まればそれを修繕しています。管理人たちは、それを生業としています。

　「質実剛健」で知られるドイツですが、冬になればクラブハウスは全館暖房がつけられています。夜間も暖房は切られることもなく、次の日の朝に行けば、そのまま温かい状態です。

　練習の後は、温かいお湯で体を温め、暖かいロッカールームで寒い思いをすることなく着替えを済ませ、帰路につくことができるのです。

　どんな小さなクラブでも、このような光景が当たり前に見られます。年齢や性別、競技レベルを問わずに、サッカーが好きな人たちが、常にサッカーを楽しむ環境がドイツにはあるのです。

　ドイツ社会は、サッカーという競技によって、少年少女たちの健やかな成長と国民の健康増進を願い、その環境が整備されているのです。

第**2**章

ミドルプレッシング

ボール奪取戦術における分析

プレッシング概論

ミドルプレッシング

ハイプレッシング

ロープレッシング

　ミドルプレッシングは、ゾーンディフェンスの１つのバリエーションです。重要なことは、チーム全体のポジショニングをコンパクトに保つこと。このとき、スペースをきつく締め上げることで、２対１の状況をつくりやすくなります。

　具体的には、センターラインを境に自陣、そして相手陣内 15m のスペースで守備ブロックをつくり、相手のパス、または状況に応じてドリブラーを狙います。プレッシングチームは、自陣ゴールから遠く離れすぎてはいけません。そして、守備陣背後にロングボールを蹴られたときには、GK と守備陣が連携して対処します。それによって、チーム全体として、自陣ゴールへの安全な距離を保ってプレーすることができるのです。

　また、相手ゴールからも遠い距離ではないため、ボール奪取後に素早い攻守の切り替えを行うことで、比較的素早くチャンスをつくり出すことができます。

その他の重要事項

❶ 基本フォーメーション / チームのシステム
❷ 相手の基本フォーメーション / システム
❸ どこでボールを奪うのか、中央かサイドなのか？

ミドルプレッシングでは、４－４－２の隊形による守備ブロックをコンパクトに保つ必要がある

ミドルプレッシングを実行するスペース

プレッシング概論

ミドルプレッシング

ハイプレッシング

ロープレッシング

４－４－２の中盤をフラットに～フォーメーションで～ます。相手チームも～じフォーメーションで試合へ～みます。プレッシングチームは～ト～へ、または中へ誘導する～を想定します。この～ト～とメリット、さらに考えられ～ミスアク～想定することです。上の図において、スタートする前に実行する～に、基本フォーメーションを確認しましょう。

POINT

4-4-2 の形をベースにしてトレーニングすることで、守備における数的優位達成方法（２対１）の基本を学ぶことができる。

STEP 1 FWの角度をつけたポジショニング

中盤でのプレッシングを行うとき、2人のFWのうちの1人が前へ、別のFWが後方のスペースをカバーするという効果的なバリエーションがあります。このセットオフポジションにより、相手の中央へのパスを困難にし、サイドへのパスを誘発させることができます。

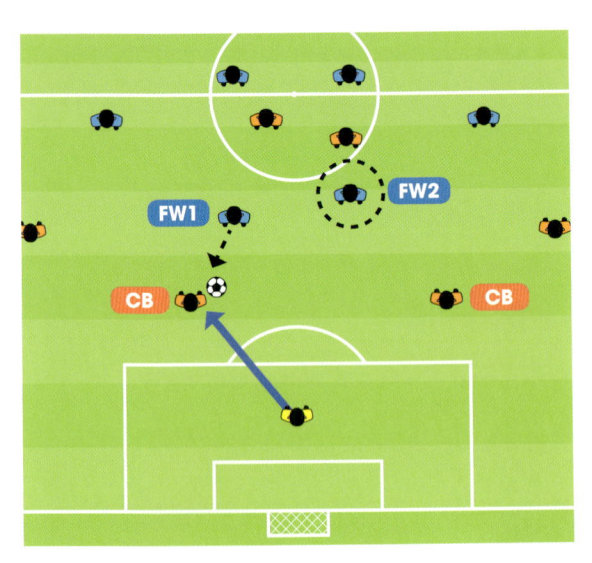

手順

ボールに近いFW①は相手のCBにアプローチをかける。ボールから遠いFW②は、守備的MFに縦パスを通されないように、後方のスペースをカバーする。これがセットオフポジションである。

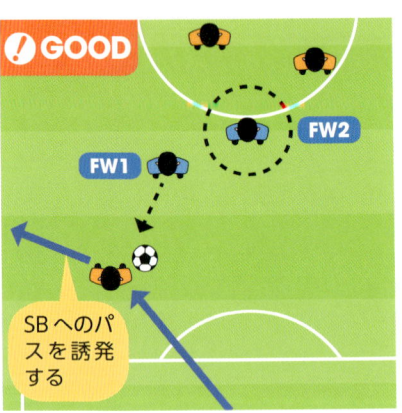

SBへのパスを誘発する

カバーに入るFW②は、守備的MFに縦パスが通らないよう注意する。

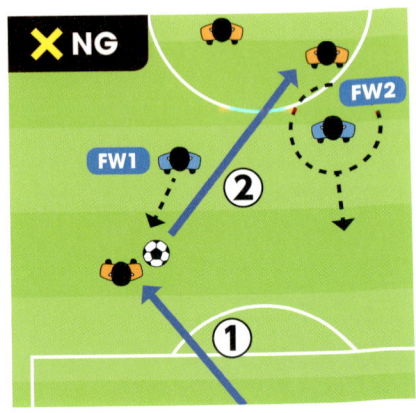

FW2人のポジショニングが平行になり、②のパスを通されてしまう。

補足 FW陣は守備ブロックからあまり離れすぎない

STEP1 に関しては、相手 CB がパスミスをした場合、ボールに近い FW が軽く前へ出て、もう 1 人の FW が後方にカバーに入るという特別な状況が生まれることに留意します。

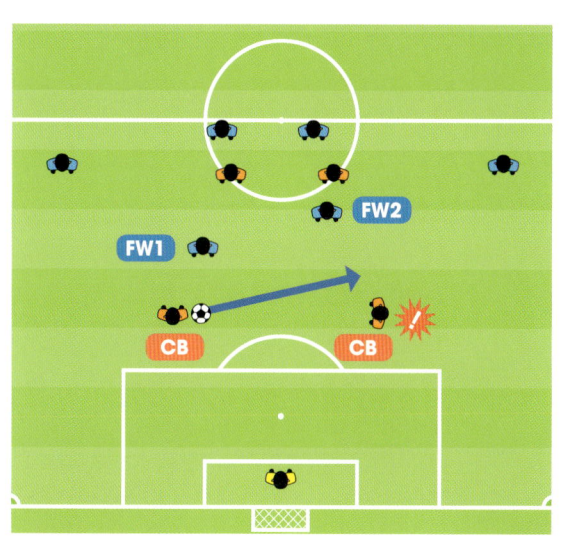

手順

ボールに近い FW ① は相手 CB にプレッシャーをかける。ボールから遠い FW ② は後方のスペースをカバーする。そのとき、中盤の選手たちから離れすぎないようにする。しかし、相手 CB の横パスがミスになったとき、ボールに近い FW ① は、中盤の選手たちの距離を気にせずにプレッシャーをかける。

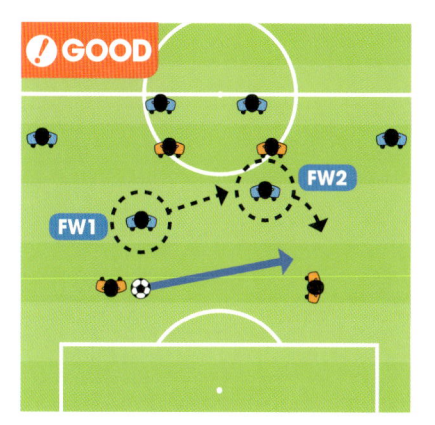

カバーに入る FW ① は、アプローチする FW ②、後方の選手たちとの距離に注意する。

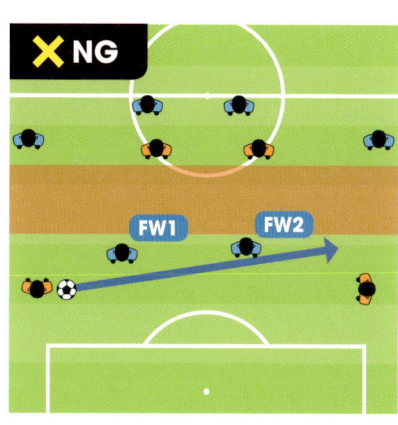

FW が 2 人ともプレッシャーをかけにいってしまい、2 トップの背後に大きなスペースができてしまう。

STEP 2 中央をコンパクトにする

次の図では、中央スペースがしっかりとカバーされているのを確認できます。

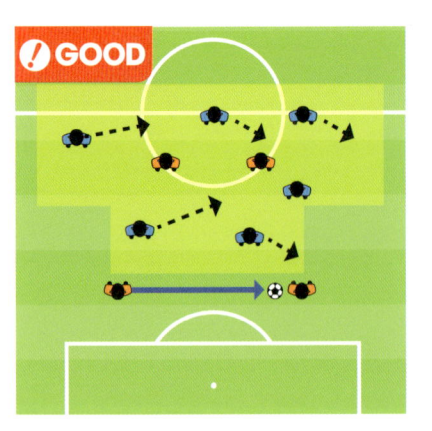

手順

FW と MF が適度な間隔を保ち、連動して動く。

一般的には、選手間の距離は約 10m と言われている（レベルカテゴリーによって多少変わる可能性はある）。

ボールサイドに守備ブロックをスライドさせる。

ボールに対して、適切なポジションがとれていない。

STEP 3 　中へそれとも外へ誘導するのか？

サイドへパスが出たとき、サイド MF がどのように相手 SB へ向かっていくかが重要になります。外へ、それとも中へ誘導するのか？次の図は両方のランニングコースを示しています。

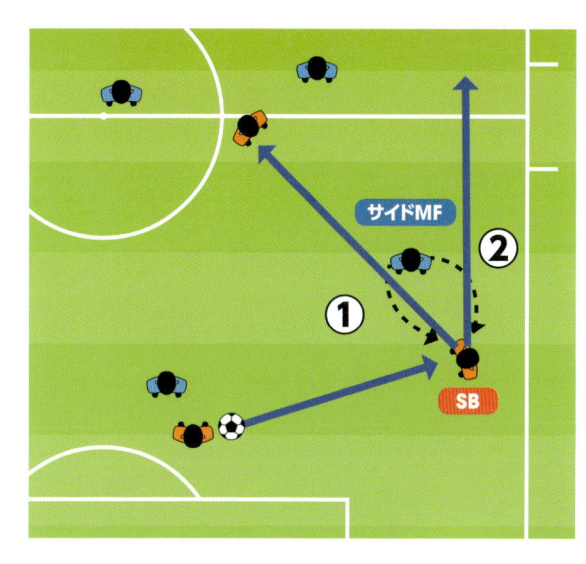

手順

❶相手を外へ誘導するランニングコース→守備的 MF への縦パスを通させない。

❷相手を中へ誘導するランニングコース→サイド MF への縦パスを通させない。

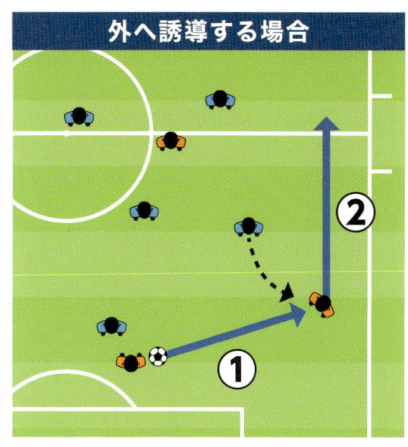

外へ誘導する場合は、守備的 MF へのパスコースを遮断する。

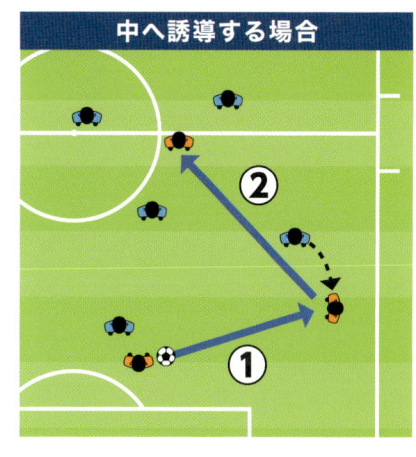

中へ誘導する場合は、サイド MF へのパスコースを遮断する。

プレッシングへ向けたスタートポジション

サイド MF がサイドライン方向へ走ることで、相手の縦パスを阻止できます。このとき、相手の守備的 MF は、完全にマークされていません。もし彼が完全にマークされているなら、彼にパスが出されることはありません。

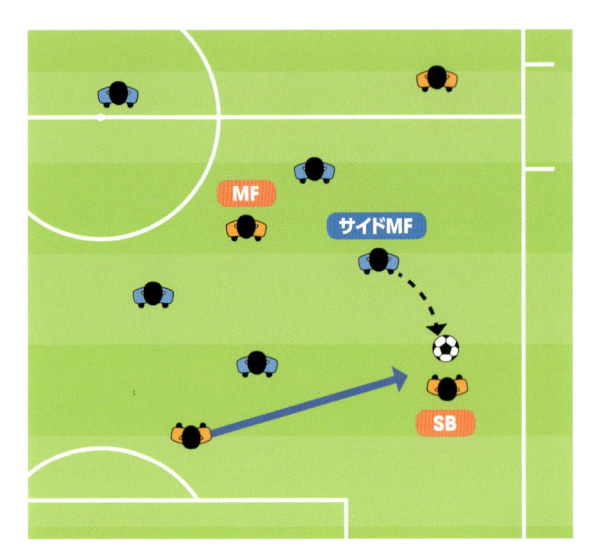

手順

サイド MF は縦パスを防ぐようアプローチをする。そして、守備的 MF へのパスを誘発する。

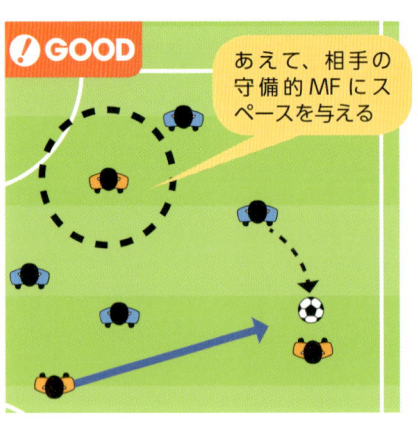

あえて、相手の守備的 MF にスペースを与える

相手の守備的 MF に少しのスペースを与えることで、故意にパスを出させ、ダブルアタックを狙う。

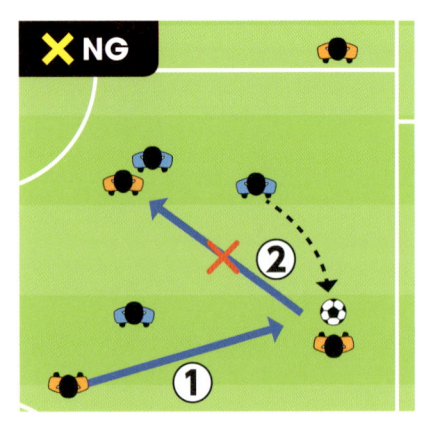

相手の守備的 MF に対してきつくマークが実行されているため、②のパスが出される可能性は低い。

パスが出たらダブルアタックを狙う

相手の守備的 MF にパスが出たら、守備的 MF とセットオフポジションでカバーに入っていた FW による徹底的なダブルアタックを狙います。

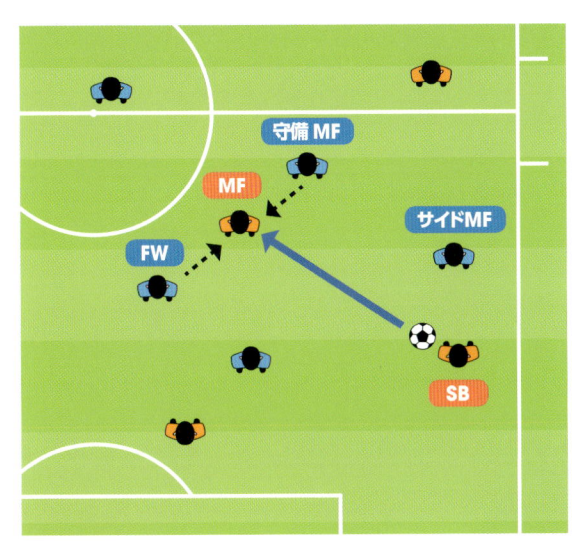

手順

相手の守備的 MF にパスが出た瞬間、ボールに近い FW と守備的 MF でボールを奪いにいく。

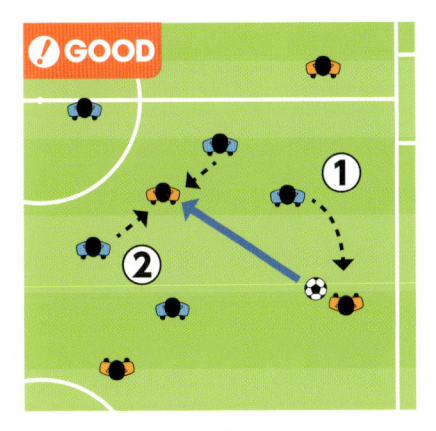

①サイド MF が縦パスを遮断し、②中央の守備的 MF にパスが出された瞬間にダブルアタックへいく。

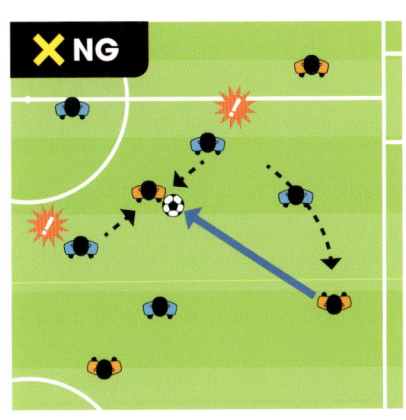

相手の守備的 MF にボールが渡った後にプレッシャーをかけ始めてしまっている。

41

STEP **6** 中央でのダブルアタック

中央でのダブルアタックのシーンでは、FW は相手の守備的 MF に対して、
振り向かせるように誘発することが大切です。

手順

相手の守備的 MF にパスが
出た瞬間、プレッシングチー
ムの FW ①と守備的 MF は
プレッシャーをかけ、ボール
を奪いにいく。

POINT

ボールに向かいプレッ
シャーをかける

相手との距離は、腕の長さ
ほどで、注意深く構える

左の図は戦術的に優れたダブルアタック
を示している。重要なことは、守備的
MF は落ち着いて対処し、FW ①の後ろ
で構える。ボールホルダーに対して適切
なタイミングでアタックできるように待
つ。FW は直接ボールへ向かい、ボール
ホルダーに対して、前を向くことを誘発
し、そこで、待ち構える守備的 MF がボー
ルを奪いにいく。

サイドの選手によるアプローチ

サイド MF の選手が相手の SB へアプローチし、中へ誘導します。

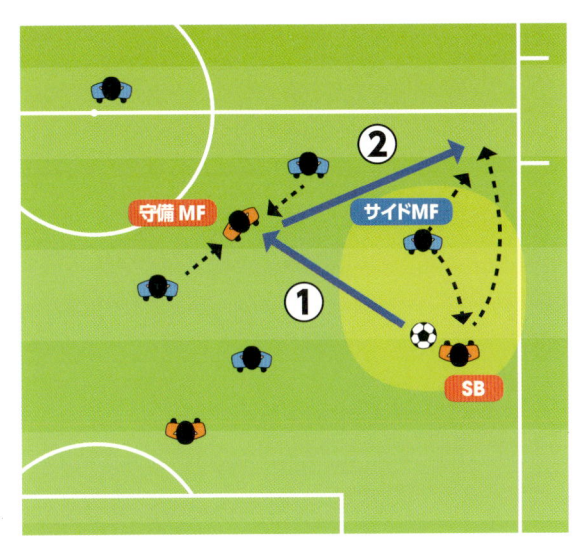

手順

中央でのダブルアタックのとき、縦へのパスコースを消したサイド MF はその後どう動くのが適切か。

相手 SB と守備的 MF のによるワンツーを防ぐために、サイド MF は、ボールウォッチャーにならず、相手 SB についていく。

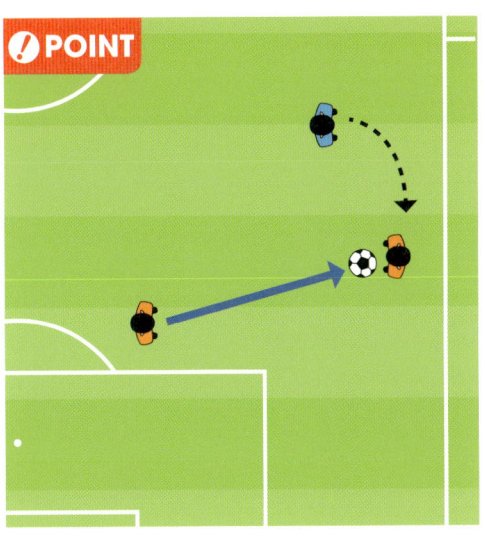

POINT

サイド MF は第一にサイドラインに向かって曲線的にアプローチし、そしてタッチラインに沿った縦へのパスコースを消す。そして相手 SB にしっかりと寄せ、プレッシャーをかける。このとき 1 対 1 を実践する。ここで最も重要なことは、簡単にかわされないことと、決して慌ててボールを奪いにいかないことである。

ボールから遠いサイドの選手のアクション

次の図は、ボールサイドから遠い選手に注目しています。この状況では、前方へそれとも後方へポジションを取るべきか？何が最も効果的なのか？を考えます。

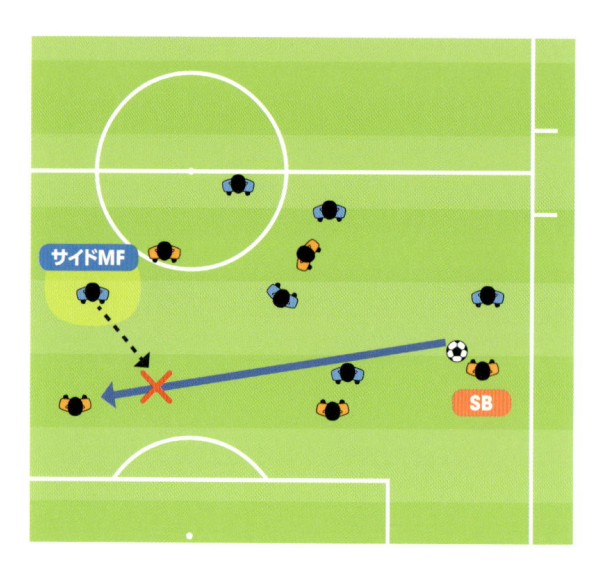

手順

ボールから遠いサイドの MF が、図のような高いポジションをとることで、ボールを持つ相手 SB のサイドチェンジのパスを防ぐことができる。

サイド MF が低いポジションをとっている場合

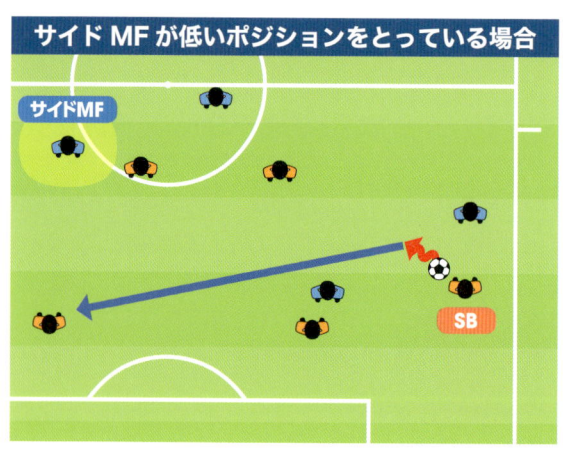

左の図では、ボールから遠いサイドの MF はさらに後方へとポジショニングをしている。このため、相手チームがプレッシングを受ける状況を打破するための、サイドチェンジのパスを許してしまう。

ボールに近い守備的MFが前へ出る

相手の守備的 MF にパスが出されることを防ぐために、ボールに近い守備的 MF が前へとポジションをとります。

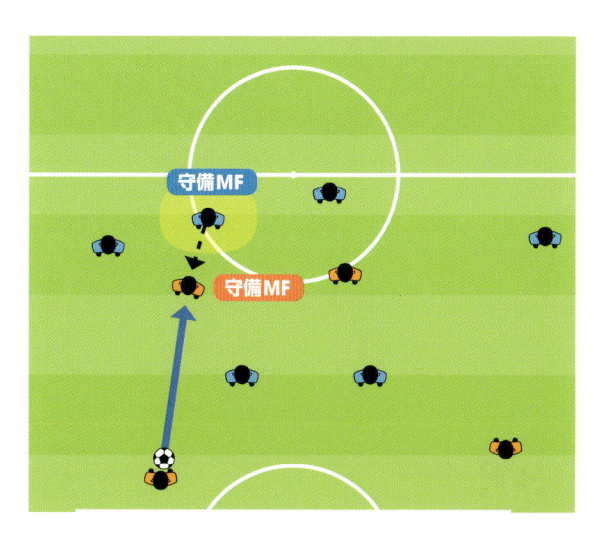

手順

相手の守備的 MF にパスが出されることを防ぐために、ボールに近い守備的 MF が前へとポジションをとる。
もし、パスが出されても、その瞬間にプレッシャーをかけられるポジションをとらなければいけない。

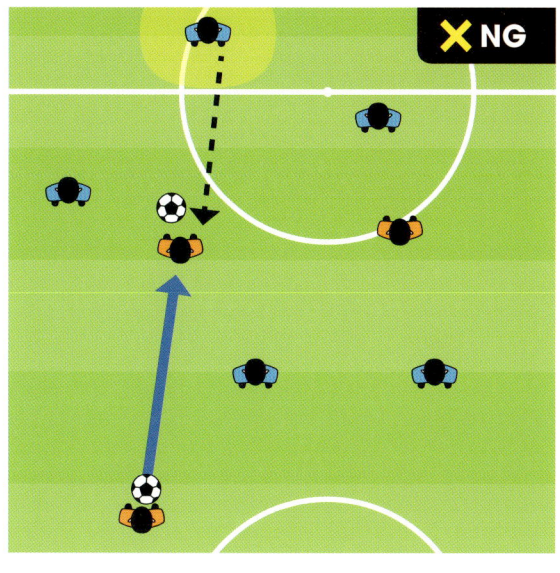

相手の守備的 MF への距離が長いと、ボールを受けて前を振り向かれてしまう。

ここでは、ボールサイドの選手のポジショニングがテーマとなります。
NG の図のサイド MF はこの状況で、中へ寄り過ぎています。

プレッシング概論

ミドルプレッシング

ハイプレッシング

ロープレッシング

状況

サイド MF が中に寄り過ぎている。

そのため、相手の SB は簡単にドリブルで前進することができる。ここでかわされると、相手に数的優位な状況をつくられてしまい、プレッシングチームは新しいブロックを形成しなくてはならない。

ミドルゾーンへのパスを消すとともに、中へ誘導するための縦パスを消すためのアプローチの距離も適切な位置にいる。

NG CASE 2 サイドの選手が外へ出過ぎている

次の図では、サイド MF の選手が外側へ出過ぎた状況を示しています。サイド MF は相手の SB に寄せています。

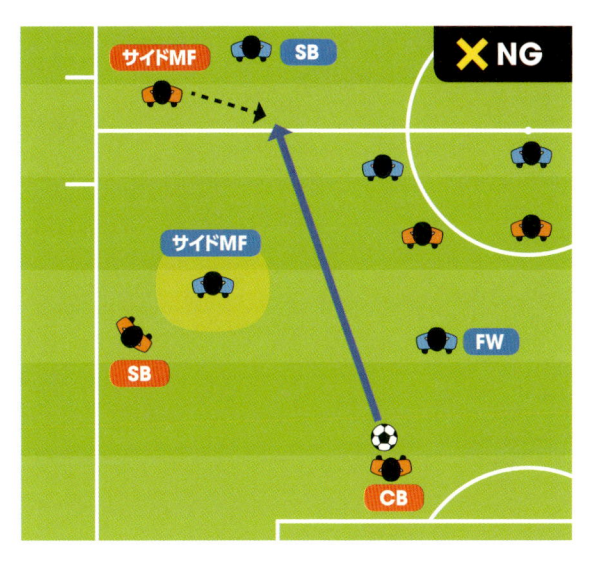

状況

サイド MF がサイドラインに寄り過ぎている状況。

もし、左の図のような素晴らしいパスが通ってしまったら、1 本のパスで、2 トップと 4 人の MF が、一度にかわされてしまう。

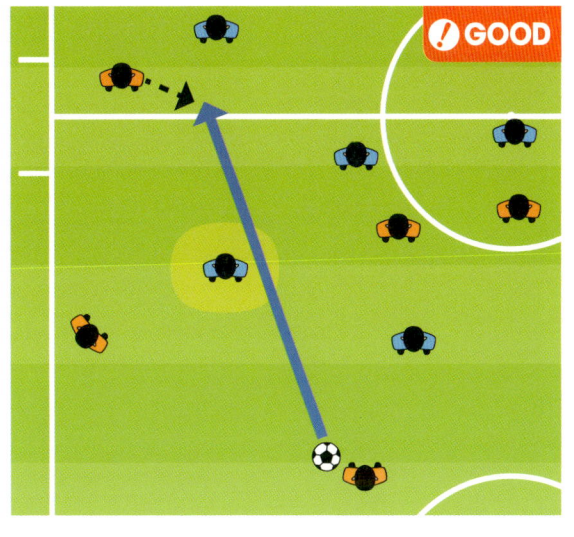

故に、左の図のような縦パスを切ることができるポジションをとらなければならない。

次の NG の図では、サイド MF のポジションは前方に出過ぎています。
そのため相手 SB にドリブルで前方に突破されてしまいます。

プレッシング概論

ミドルプレッシング

ハイプレッシング

ロープレッシング

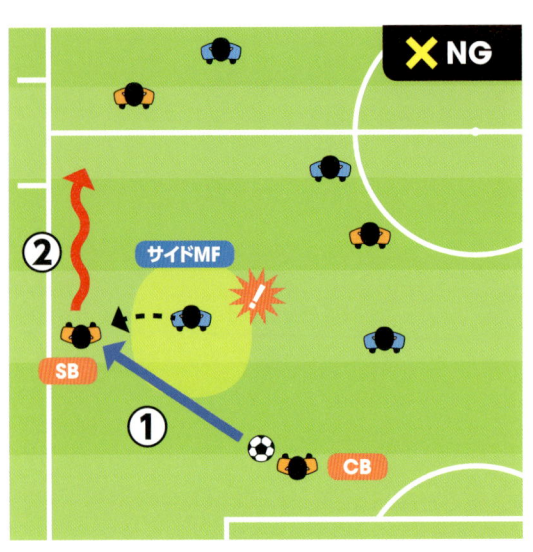

状況

サイド MF が前へ出過ぎている状況。

適切な曲線を描けていないために、相手 SB にワンタッチでプレッシャーをかわされ、ドリブルで前方へ突破されてしまう。

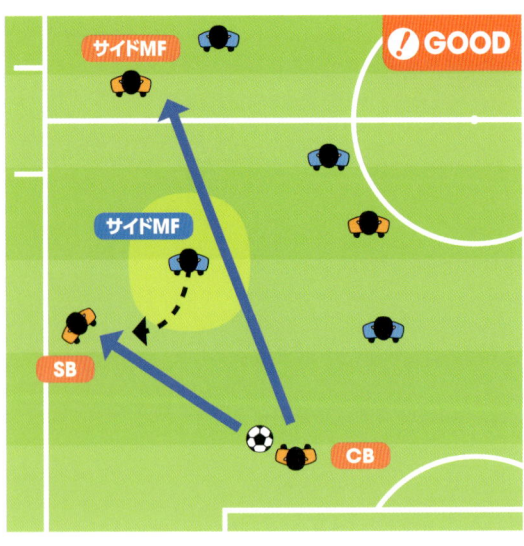

相手のサイド MF へのパスを通させないことを意識しながら、左の図のような適切なアプローチを行う。

NG CASE 4 ▶ サイドの選手が深く引き過ぎている

次の NG の図では、サイド MF のポジションが深すぎて、相手の SB への距離が離れ過ぎています。これでは相手 SB へプレッシャーをかけるのが難しくなります。

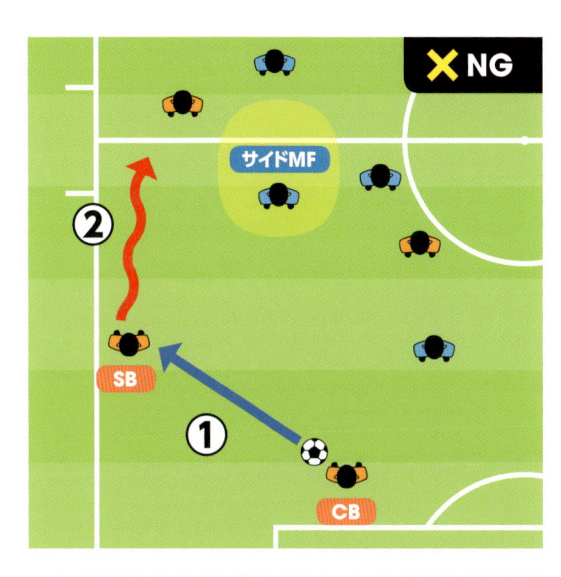

状況

サイド MF が深く引き過ぎている状況。

この状況では、相手 SB に簡単に前方へのドリブルを開始させてしまう。

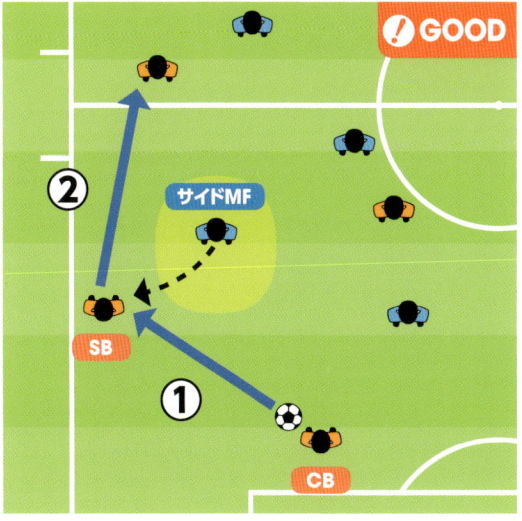

相手 SB に余裕を持ってドリブルさせないアプローチができるポジションをとる。

ミドルプレッシングのバリエーションに対応するオプション

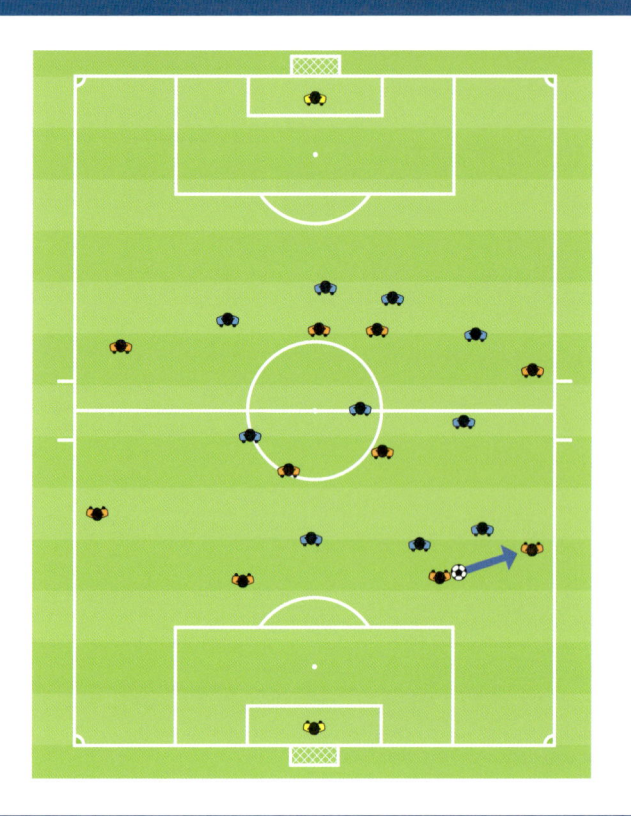

　ここでは、サイドへ誘導し、ダブルアタックを仕掛ける展開を分析していきます。上の図のような試合状況では、以下の４点が重要になります。①サイドの選手による適切なアプローチ、②両方の守備的 MF がボールサイドにスライドする。特に、ボールに近い守備的 MF が押し上げる、③ボールに近い SB は、相手選手から近過ぎず、離れ過ぎず適切なポジションをとる、④ CB は FWの後方、ボールに近いサイドに入り、自陣ゴール方向へ軽くポジションを下げる。

サイドに誘導→ダブルアタックの流れ

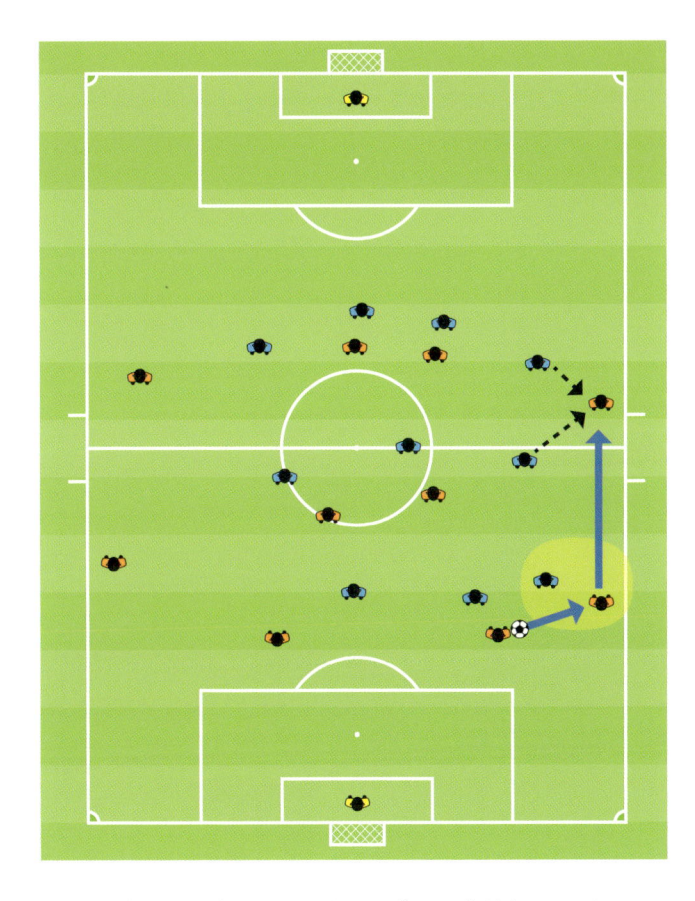

サイドに誘導する場合は、必然的にサイドへのボールが予測されます。ここでは相手の
SB への足下へのパスになります。ボールに近い SB が相手のサイドの選手に寄せすぎ
ないことで、このパスを誘発します。そしてパスが出た後に、守備的 MF とダブルアタッ
クを狙います。

POINT

**必ずボールサイドにチーム全体がスライドし、ボールホルダー
に対して数的優位をつくる。**

曲線を描くアプローチ

ここではサイド MF の選手の曲線を描きながらのアプローチについて解説します。サイド MF は、大きな曲線は描かず、相手の SB へ適切にプレッシャーをかけます。

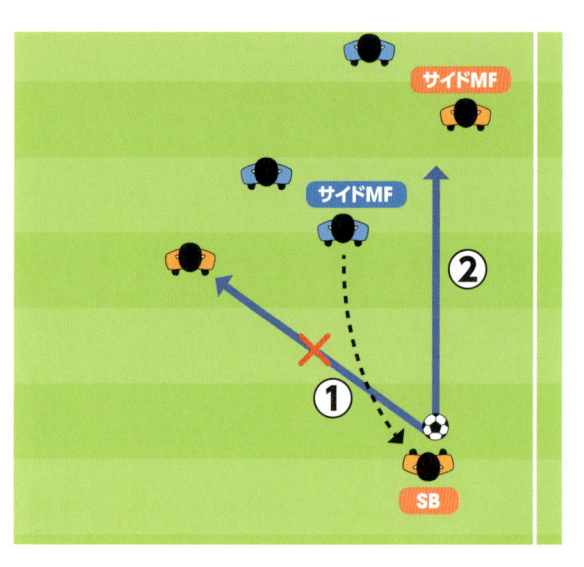

手順

サイド MF は、大きな曲線は描かず、相手の SB へ適切にプレッシャーをかける。この図で、サイド MF は、パス①を遮断し、パス②を誘発するアプローチを行っている。

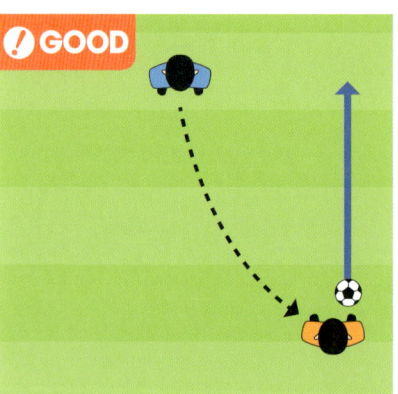

中へのパスコースを消しながらアプローチし、縦パスを誘発する。その際、ドリブル突破も許してはいけない。

曲線が大きくなってしまう。そうすると相手のプレー判断の時間が長くなってしまう。

STEP 2 　ダブルアタック

次の図は、守備的 MF と SB のダブルアタックのシーンです。

手順

相手 MF に②のパスが出た瞬間にプレッシャーをかける。守備的 MF はボールに向かってプレッシャーをかける。その際、SB は相手を振り向かせないようにする。

相手 MF に前を向かせないことが理想的である。守備的 MF は直接ボールへ向かうことで、相手 MF によりプレッシャーをかけることができる。

**振り向かせ
ないように**

プレッシングバリエーションにおける状況と解答

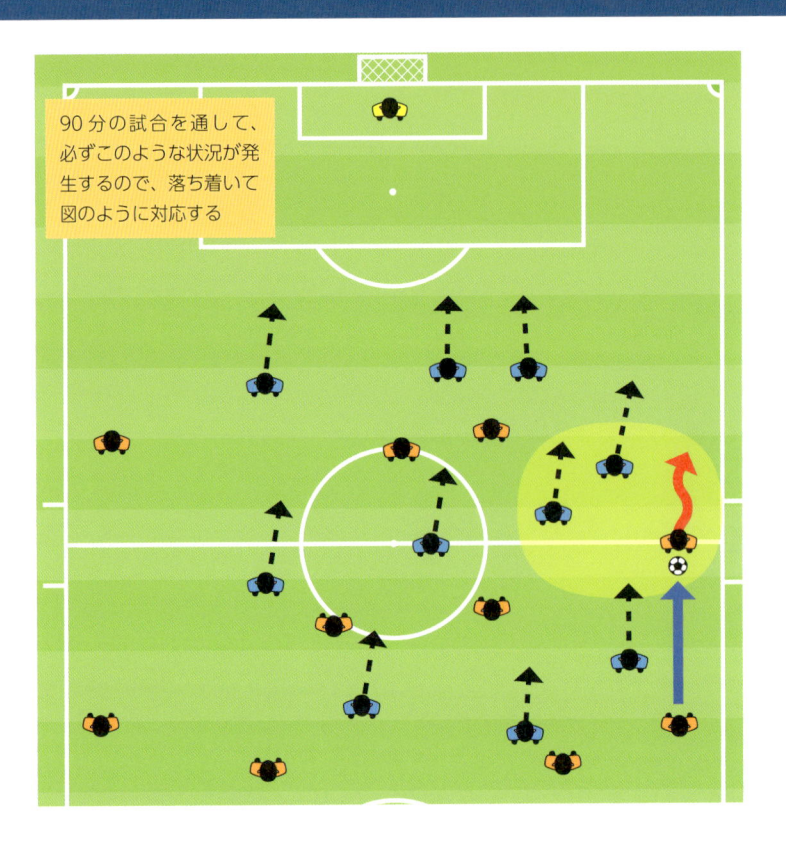

90分の試合を通して、必ずこのような状況が発生するので、落ち着いて図のように対応する

　この状況では、相手MFは前を向くことができます。ここで重要なことは、ボールに近い守備的MFが直接ボールへ行かずに、4バックの方向へポジショニングをとること。そうすることで、彼はSBのカバーが可能になり、もし相手MFが中へドリブルを仕掛けてきたら、SBとともにダブルアタックへ向かいます。

　もちろん、これらのことは、守備をするSBが中へもしくは、外へどちらへ誘導するのかという状況を考慮して、判断しなければなりません。

ダブルアタック
NG CASE 1 ▶ サイドの選手が直線的にアプローチする

次の図は、直線的過ぎるアプローチを示しています。これでは縦へのパスも、中央へのパスも許してしまい、サイドでも中でもダブルアタックを狙うことができません。

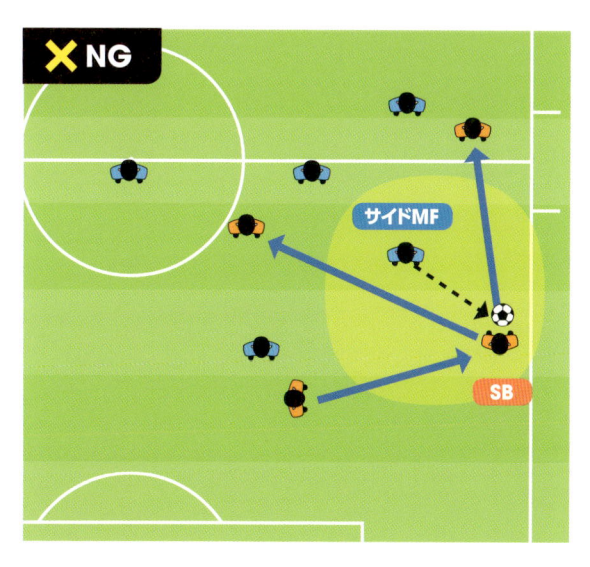

状況

サイドMFが相手のSBへ直線的にアプローチしているため、SBは縦へも中央へも、どちらへのパスも可能な状況にいる。

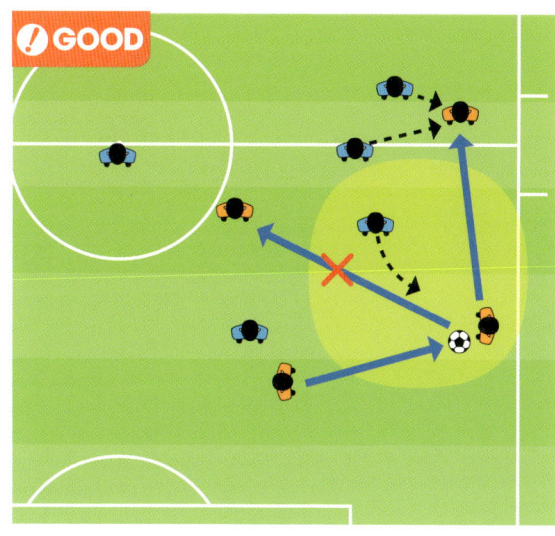

ここでは、サイドMFは的確にアプローチし、中へのパスを封鎖する。縦へのパスを誘発し、SBと守備的MFのダブルアタックへと導く。

NG CASE 2 ダブルアタック 守備的MFが適切なポジションを取っていない

下の NG の図は、守備的 MF が適切なポジショニングを取っていません。ボールに近い守備的 MF にとって、サイドでダブルアタックを実行するにはランニングの距離が長すぎます。

✕ NG

距離が長すぎる

SB　サイドMF

守備MF

サイドMF

SB

状況

SB と、ボールに近い守備的 MF の距離が離れ過ぎているために、ダブルアタックを実行できない。

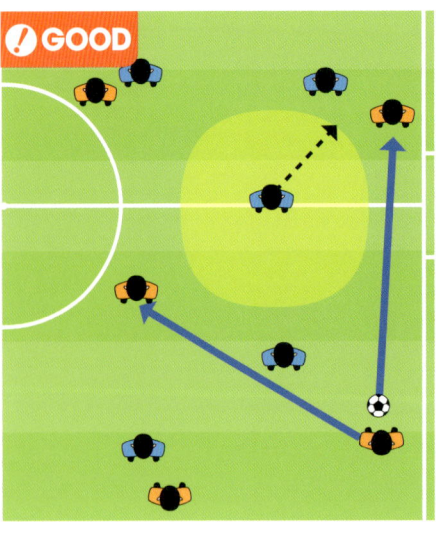

！GOOD

サイド MF が相手 SB の中へのパスを消している状態なので、守備的 MF は勇気を持ってパスを受ける相手のサイド MF の方向へポジションをずらすことで、ダブルアタックを成功させる。

相手 SB からのパスが出たら、ボールを受ける選手は前を向くことが可能になってしまいます。

状況

SB が中へ絞り過ぎている状況。ここでは、ボールを受ける相手のサイド MF が、余裕を持って前を向くことができる。

相手のサイド MF に対して、適切なポジショニングを取ることで、簡単に前を向かせないようにできる。さらに、守備的 MF とのダブルアタックへの時間を稼ぐことができる。

ダブルアタック
NG CASE 4 # ボールに近い SB が
相手サイド MF に寄せ過ぎている

SB が、下の図のようにポジショニングを取ってしまうと、相手 MF の足下へのパスを誘発できずに、フリースペースとなったミドルゾーンを狙う相手 FW へのパスを誘発することになります。

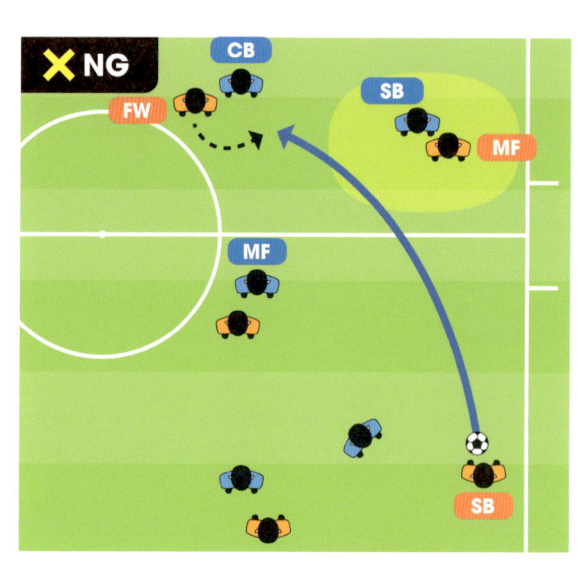

状況

SB がきつくマークについているために、足下へのパスを誘発できず、フリースペースとなったミドルゾーンを狙う相手 FW へのパスを誘発することになる。

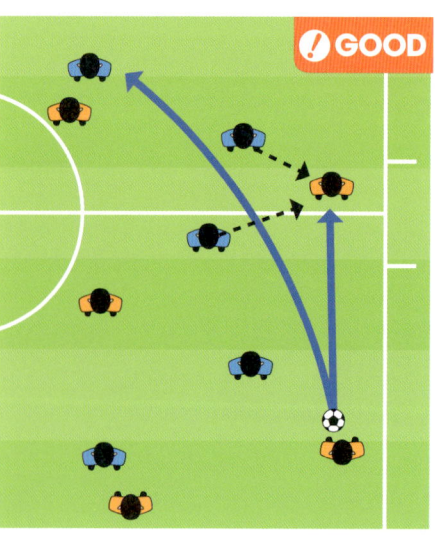

SB は相手 MF に対して勇気を持ってスペースを与えることで、相手 SB からの縦パスを誘発し、守備的 MF とのダブルアタックを成功させる。

ボールに近い CB の
戦術的に不適切なポジショニング

CB は適切なポジショニング（相手後方ボール側）を取らずに、安易に後方へポジションを下げています。後方へパスを通されれば、ピンチにつながります。

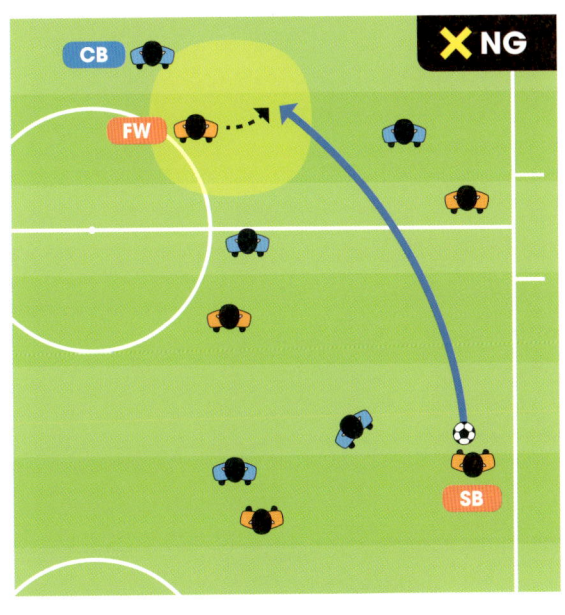

状況

CB は適切なポジショニング（相手後方ボール側）を取らずに、安易に後方へポジションを下げている。「GOOD」の状況は前ページと同じ図となる。スペースを狙ったパスが出た場合の適切な後方へのカバーを示している。特にCB は部分的に重なるようにポジショニングを取り、ゴール方向へポジショニングを下げる。そうすることで、ほぼ背後を取られることはない。

適切に中盤でプレッシングを行うと

適切に組織された中盤でのプレッシングは、相手に対して確実にロングボールを誘発することになる。左の図では、戦術的に適切な後方へのカバーリングを示している。

59

ミドルプレッシングをマスターするためのトレーニング：中へ誘導する

　ミドルプレッシングへ向けた次のトレーニングで、様々な戦術的アクションを習得し、ミドルプレッシングをさらに洗練させていきます。第一に、指導者が小さなグループによるプレッシングをどう成功させるのか。基礎となるダブルアタック、プレッシャーのかけ方、ポジショニング、誘導などの目標に向かってどのように強化していくのかがテーマになります。

　これらのトレーニングは非常に実践的です。実際の試合で起こりうる状況を想定したものであり、積極的にプレーする相手選手が存在するスペースでのトレーニングとなります。2つ目のパートでは、プレッシングに必要な細かい要素を詳細にトレーニングしていきます。しかし、それらは実際の試合におけるスペース及びポジショニングとは異なります。

MENU **1** ▶ サイドにおける4対3：中へ誘導する

ねらい▶ 中央スペースへ誘導し、アプローチを成功させるためのパスコース封鎖の改善

CBに対して、アプローチするだけ。ボール奪取後、攻撃参加する

CB

① ②

SB

サイドMF

守備MF

守備MF

FW

FW

③

1.2m　10m

CBからSBにパスが出たら、すぐにポジションをとる

準備

フィールドをサイドに限定する。攻撃側のためにミニゴール（黄色のコーンで1.2mの幅）を設置し、さらに大きめにドリブル突破用ゴール（オレンジ色のコーン約10mの幅）を設置する。

- -

手順

❶ GKはCB→SBにパスを送る。

❷ ボールを受けたSBは守備的MFとゴールを狙うプレッシングチームは守備的MF、サイドMF、FWの3人。相手のSBにパスが出たらもう1人のFWが参加。

❸ プレッシングチームはボールを受ける守備的MFに対して2対1の状況をつくり、ボールを奪取して攻める。

- -

補足

4対3は「守備対攻撃」の人数としている。

👍 **チェックポイント** -

プレッシングチームの守備的MFはSBが黄色のコーンへパスを通させないようにアプローチをする。そうすることで、サイドのランニングコースを学ぶことができる。

61

4対3：中へ誘導する

ねらい ▶ 中央スペースへ誘導し、ダブルアタックを成功させるためのランニングとポジショニングの改善

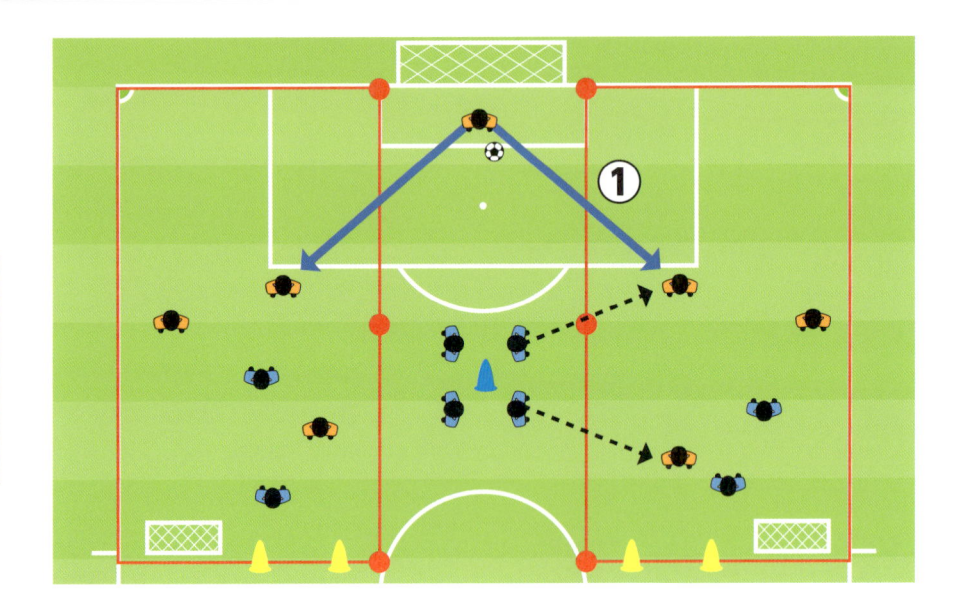

準備

先ほどのメニューと同様のフィールドを左右両サイドにつくる。黄色のコーンは、ボールを持つチームのドリブル用ゴール。ミニゴールはパス用ゴール。

手順

先ほどのトレーニングを両サイドで行う。GK は左右交代でビルドアップを始める。

👍 チェックポイント

常にどちらかのサイドがプレーしているときに、他のサイドが休息をとることができるようにする。そうすることで効果的な負荷と回復を達成できる。

6対6におけるミドルプレッシング

ねらい ▶ 中へ誘導し、ミドルプレッシングによりボールを奪う

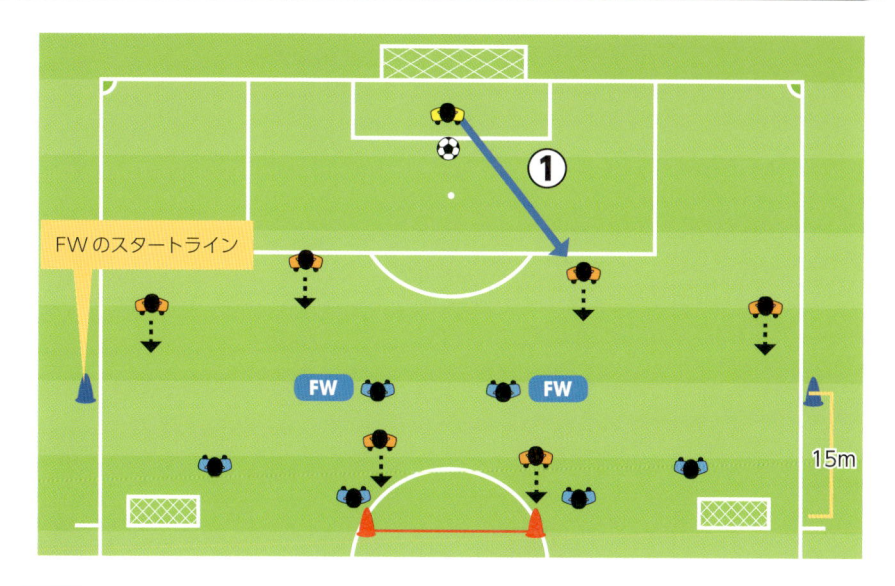

FW のスタートライン

FW

FW

15m

準備

ボールを保持する攻撃チームのために2つのミニゴールとドリブル突破用の赤色のコーンゴールを設置する。そして青色のコーンをサイドラインにセンターライン15mのところに設置する。

手順

❶ GK は左右交代でビルドアップを始める。

❷ GK からボールが出たら、ボールを保持するチーム側は、3つのゴールへ向けて攻撃を仕掛ける。

❸ プレッシングチームは、中へ誘導しミドルプレッシングによりボールを奪い相手ゴールへ攻撃を仕掛ける。

👉 チェックポイント

青色のコーンは、2人の FW のスタートラインとなる。その一方でボールを保持する側がミニゴールを狙うときは、青いコーンよりも高い位置からシュートを狙うことが許される。

ねらい ▶ サイドへ誘導し、ダブルアタックを狙うためのランニングとポジショニングの改善

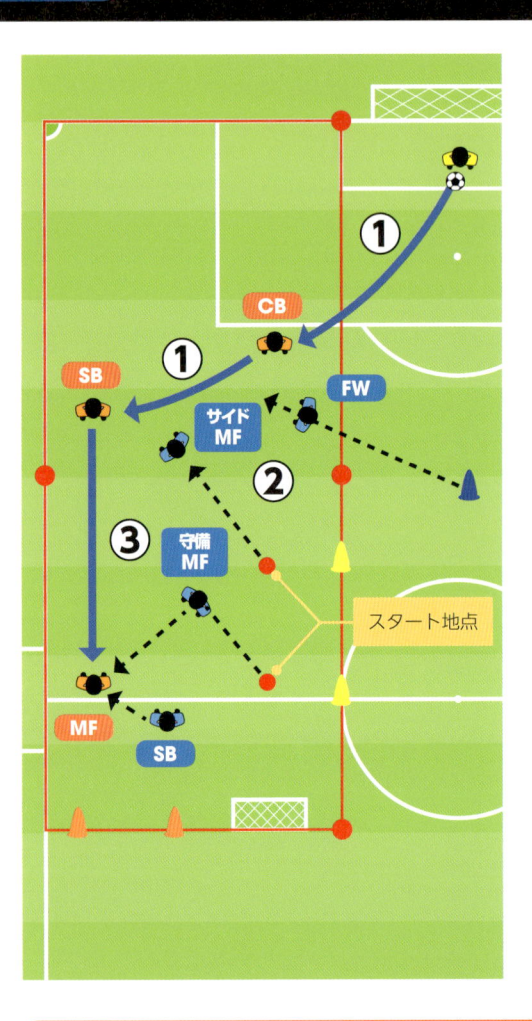

準備

限定されたスペースに、ボールを保持する側のためにミニゴールとドリブル突破用ゴール（オレンジ色のコーンで幅10m）を設置する。

手順

❶ GKはCBへパスをする。CBはSBへパスをする。

❷ GKからパスが出たらプレッシングチームのサイドMFはSBへとスタートし、外へ誘導する。そして、SBと守備的MFとのダブルアタックへとつなげる。ボールを奪った際はすべての選手がアクティブとなり、攻撃を仕掛けることができる。

❸攻撃チームのSBは中盤サイドの選手とのコンビネーションによって得点する、もしくはドリブル突破に挑戦する。

👍 **チェックポイント** --------------------------------

プレッシングチームのFWはCBに対してポジショニングを取るだけ（スタートポイントは青色のコーン）。まずFWはアタックへ行かない。彼のチームがボールを奪うことに成功した後にアクティブに参加することが許される。

4対3：外へ誘導する（両サイド）

ねらい▶ サイドへ誘導し、ダブルアタックを狙うためのランニングとポジショニングの改善

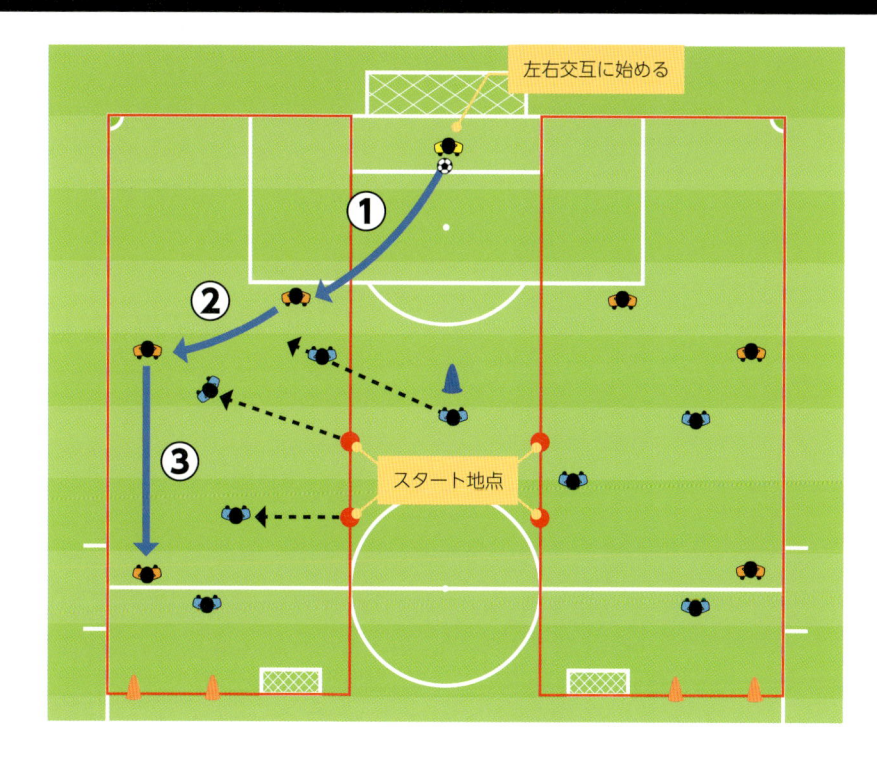

左右交互に始める

スタート地点

準備

2つの区切られたスペースを左右に。ボールを保持するチームのためにミニゴールとドリブル突破用のゴール（オレンジ色のコーン）を設置する。

手順

先ほどのトレーニングを両サイドで行う。

👉 チェックポイント

GK は左右交互に展開を始める。守備的 MF は赤色のマークからスタートする、そうすることで、左右交互に休息と練習を取ることができる。

5対4：外へ誘導する中盤でのプレッシング

ねらい▶ サイドへ誘導し、ダブルアタックを狙うためのランニングとポジショニングの改善

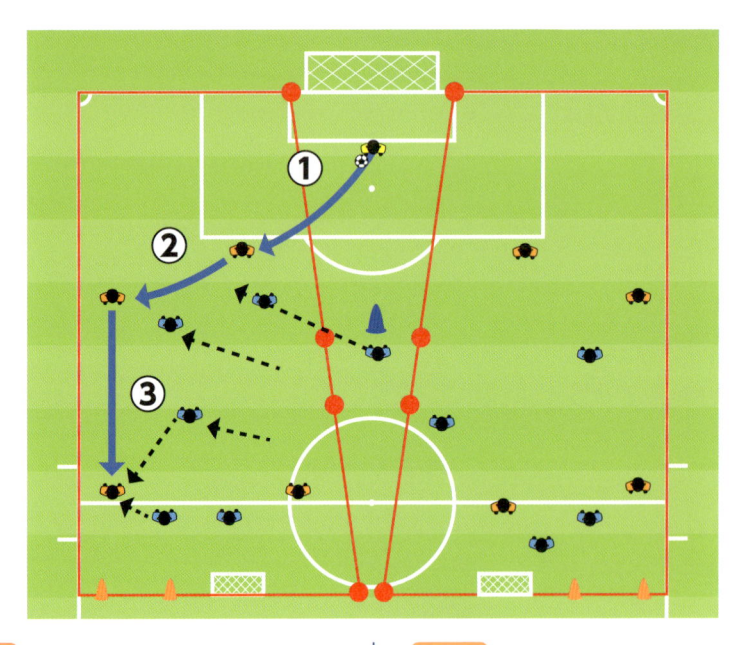

準備

2つの区切られたスペース、そしてボールを保持するチームのためにミニゴールとドリブル突破用のゴール（オレンジ色のコーン）を設置する。ピッチはセンターライン方向に向かって広くなる（三角形で）。それぞれハーフコートにて、CBに対して1人のFWが出ていく。

手順

先ほどのトレーニングと同様に両サイドで行う。
アプローチから誘導、サイドでのダブルアタックだけでなく、状況に応じた中央でのダブルアタックも行うことができる。

👍 チェックポイント

GKは左右交代でビルドアップを始める。そうすることで常にどちらかのサイドがプレーしているときに、他のサイドが休息を取ることができる。効果的な負荷と回復が達成される。

解説

① GKから相手のCBへパスが出たら、プレッシングチームのFWは注意深くアプローチする。ここでは、逆サイドのCBへパスをされることはないが、それでも曲線を描くアプローチを行い、逆サイドへのパスコースを消すイメージを持つ。

② CBは、SBにボールを渡すが、プレッシングチームのサイドMFは中へポジションをとる。それによって、相手守備的MFへのパスコースを遮断し、サイドMFへの縦パスを誘発する。このとき、プレッシングチームのSBは、勇気を持って、相手サイドMFに余裕を与える。

③ SBが、サイドMFへパスを送った瞬間にプレッシングチームの守備的MFとSBでダブルアタックを実践し、ボールを奪い、即座に攻撃に転じる。

サイドへ誘導する際に注意すること

①FWは、相手CBへアプローチを行うとき、逆サイドのCBへのパスコースを遮断する。これには、FWの走行距離を節約する狙いがある。
②サイドMFは、パスコースを限定しなくてはならない。
③守備的MFとSBのダブルアタックでは、慌てることなくファウルをせず、数的優位を活かし、ボールを取りきる。ここでかわされたり、ボールをはたかれたりすると、数的不利になる可能性がある。

ミドルプレッシングをマスターするためのトレーニング：外へ誘導する

　相手をサイド（外）へ誘導するプレッシングのときにも、相手チームはミドルゾーンにパスを送ることができます。ここでは、どのようなトレーニングが適切なのかを見ていきます。

　次のトレーニングでは、ペナルティボックス×2のスペースの中で行われるものを解説します。実際の試合では、これから紹介するような状況は、自陣ゴール前では起きません。

　しかしランニングコース、そして戦術的特性はここでもまた実際の試合と結びついたものです。

　このトレーニングのメリットは、ボールを保持するチーム側の得点への高い意欲をかき立てることです。そして、プレッシングチームには、ゴールを目の前にした、高い集中力のある守備が要求されます。

2対1：中央スペースでのダブルアタック

ねらい ▶ サイドからミドルゾーンへパスを入れられたときのダブルアタックの習得

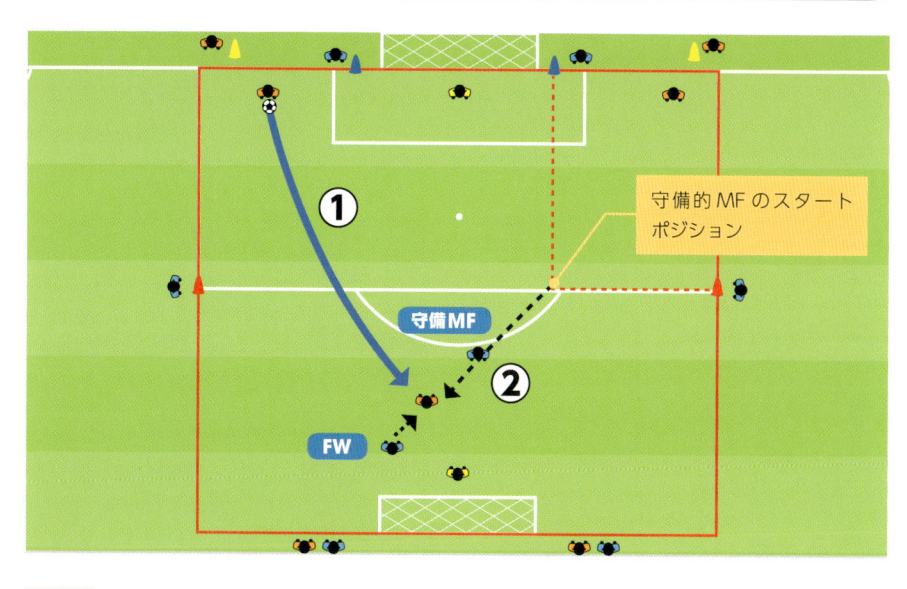

守備的 MF のスタートポジション

守備MF

FW

準備

ペナルティボックス×2のスペース（選手のレベルに応じて狭くしてもよい）。2チーム、2つのゴール、GK 2人。位置確認のための黄色と赤色、青色のコーンをそれぞれ2つずつラインに設置する。

手順

❶ 黄色のコーンにいる選手が味方選手へパスを送る。プレッシングチームは洗練されたダブルアタックでボールを奪うことに挑戦する。

❷ プレッシングチームはボールを奪うことに成功したら、状況を打開しゴールを狙う。

👆 チェックポイント

2人目の選手（守備的 MF）のスタートポイントは、赤色と青色のコーンの交点にする。この練習では、守備的 MF と FW の選手によるダブルアタックをトレーニングすることができる。

ねらい ▶ 中央スペースでのダブルアタックの習得

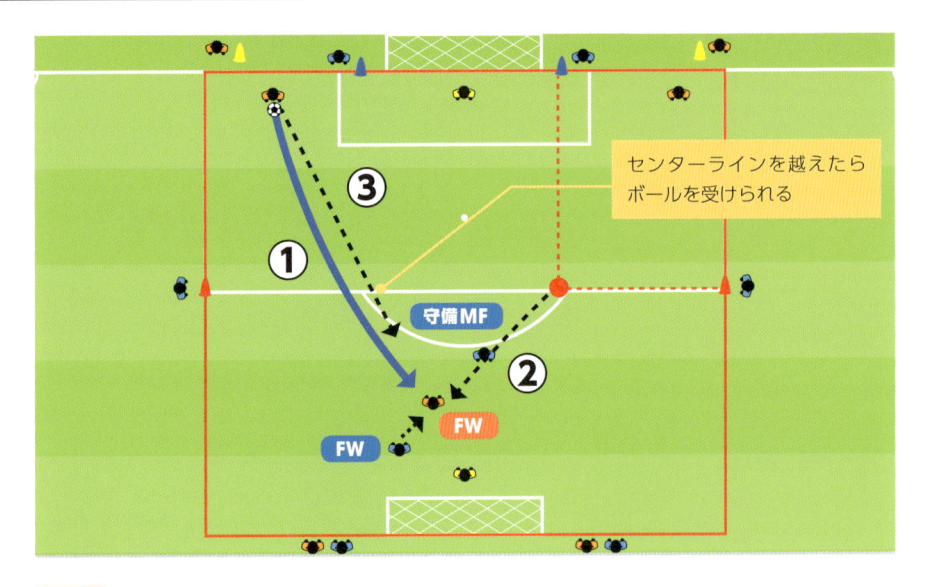

センターラインを越えたら
ボールを受けられる

守備MF

FW

FW

手順

メニュー01と同じ状況で、パスを出した選手が参加することで、2対2の状況になる。
しかし、そこでは頻繁にはダブルアタックを実行するのが難しくなる。なぜなら、ボー
ルを受けた相手FWは常にボールをダイレクトで返すだけになってしまうからである。
このトレーニングのテーマであるダブルアタックを促すために、ボールを受けたFW
は「ダイレクトでバックパスをしてはいけない」というルールを追加する。FWはボー
ルをしっかりとコントロールする（少なくとも2タッチ）。そうすることでプレッシン
グチームはダブルアタックを狙うことができる。

👍 **チェックポイント** ------------------------------------

パスを出した選手は、センターラインを越えた時点から、再びボールを受けるこ
とが許される。このルールによって、プレッシングチームは、ダブルアタックを
狙える状況ができる。

3対2：守備的MFとFWによるダブルアタック

ねらい▶ 中央スペースでのダブルアタック習得 (2)

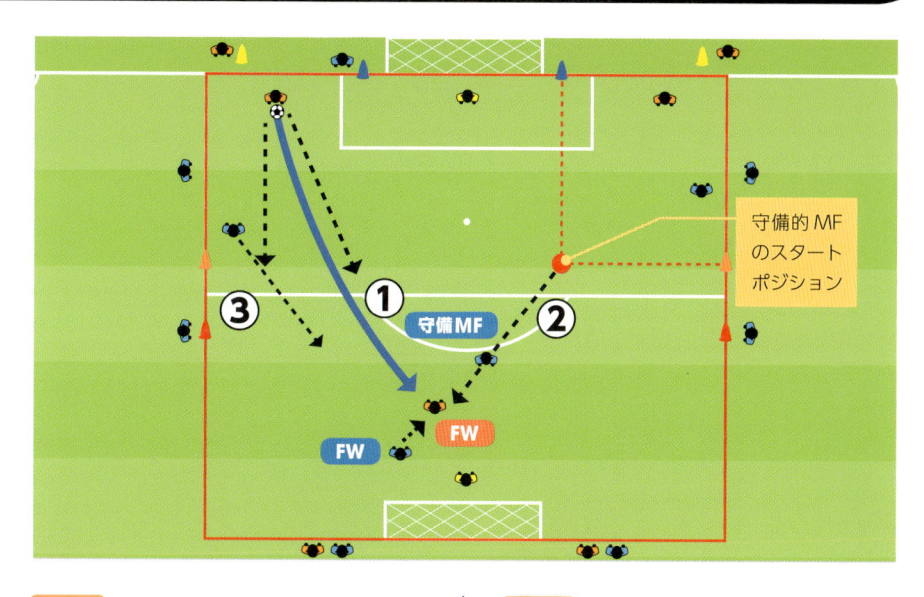

守備的 MF
のスタート
ポジション

準備

ペナルティボックス×2のスペース（レベルに応じてスペースをやや狭くする）。2チーム、2つのゴール、GK 2人。ライン上に黄色と赤色とオレンジ色、青色のコーンをそれぞれ2つずつ設置する。

🎯 練習アレンジ

パサーはドリブルで侵入することもできる。

手順

❶黄色のコーンにいる選手は味方選手にパスを送る。パスを出した後、攻撃に参加し味方選手をサポートする（ドリブルではなく必ずパスを出す）。

❷プレッシングチームの守備的 MF のスタートポジションは、赤と青の交点にする。プレッシングチームは洗練されたダブルアタックでボールを奪う。ボールを奪ったら、得点を狙う。

❸プレッシングチームのサイドの選手は、追加でアクティブとなる。そうすることで、プレッシングチームが、3対2の数的優位の状況をつくることができる。

ねらい ▶ 中央でのダブルアタックと同様に、アプローチ、封鎖、そして中へ誘導

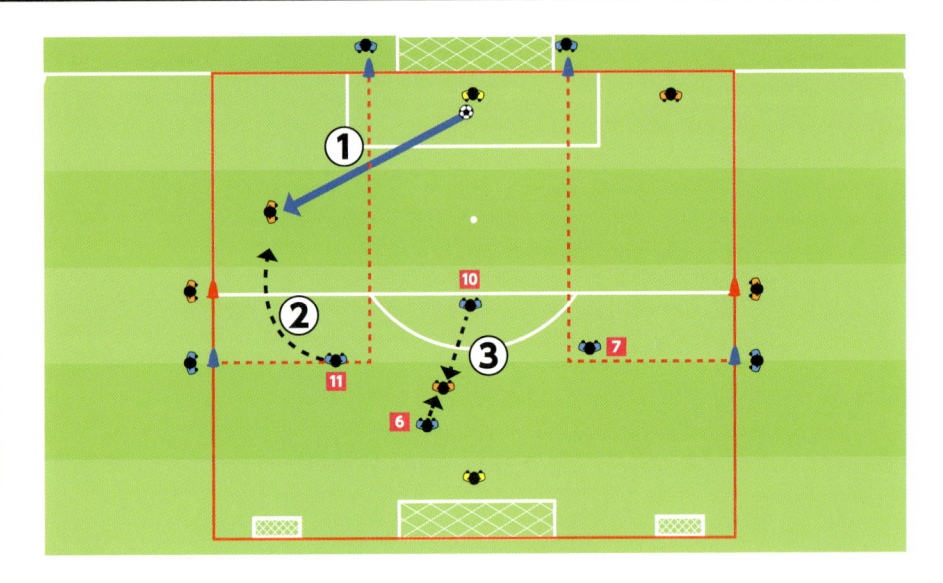

準備

ペナルティボックス×2のスペース。ゴール2つ、2人のGK。ミニゴール2つ。位置確認のため、青色のコーン4つ、赤のコーン2つ。

 練習アレンジ

もし攻撃陣は状況を打開できたなら、得点を狙う。逆サイドの選手たちは休息を取る。そして次のアクションでは、GKは逆サイドへ展開を始める。

手順

❶ GKは味方選手にパスを送る。この選手はミニゴールにパスを決めることで得点できる。

❷ 青色のコーンの交点からスタートするプレッシングチームの **11** はミニゴールに得点されることを防ぐために、まずはサイドライン方向へスタートを切る。そして彼は注意深くボール保持者にアプローチし、相手FWにパスを出させるように誘導する。

❸ **10** は守備的MF **6** との洗練されたダブルアタックでボールを奪う。ボールを奪ったらゴールを狙う。

2対1：ペナルティボックス×2①

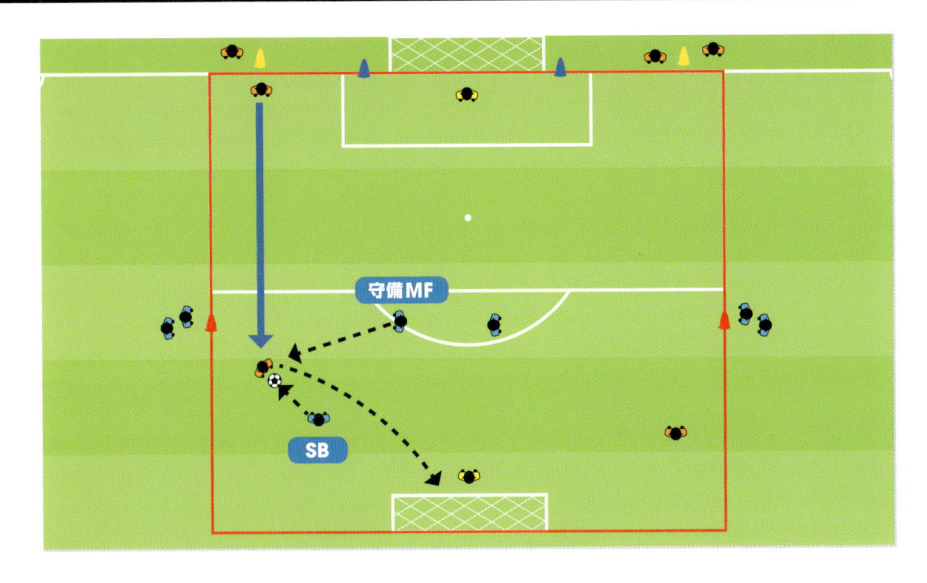

 準備

ペナルティボックス×2のスペース（レベルに応じてやや狭いスペースに）。2チーム、2つのゴール、GK2人。位置確認のため、黄色と赤色、青色それぞれ2つずつのコーンをライン上に設置する。

手順

❶黄色のコーンにいる選手はパスを出す。プレッシングチームは洗練されたダブルアタックでボールを奪う。ボールを奪ったら得点を狙う。

❷FWは状況を打開できたらゴールを狙う。2人目のDF（守備的MF）のスタートポジションは、赤色のコーンの高さになる。

ねらい ▶ SB とサイド MF の選手によるダブルアタック

プレッシング概論

ミドルプレッシング

ハイプレッシング

ロープレッシング

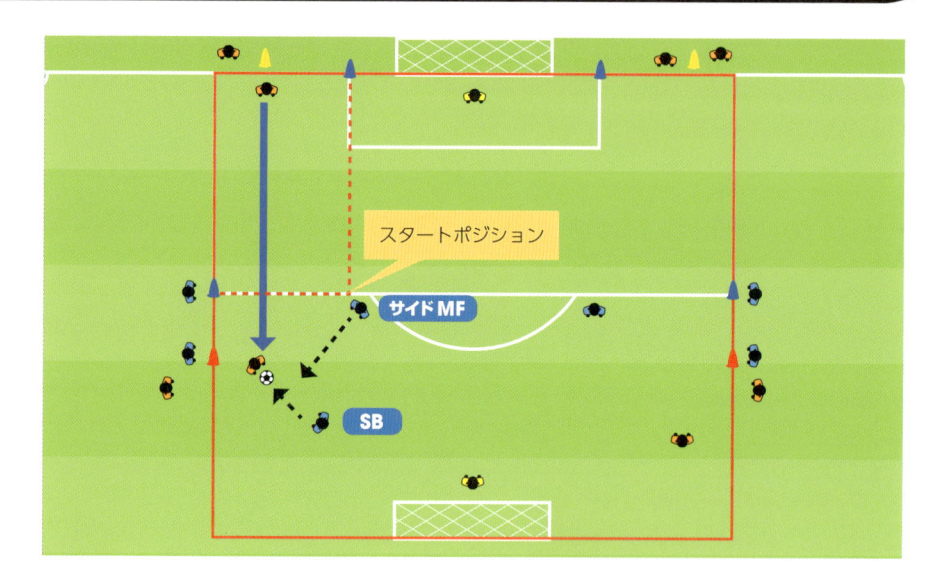

準備

ペナルティボックス×2のスペース（レベルに応じてやや狭いスペースに）。2チーム、2つゴール、GK2人。位置確認のために、黄色と赤色のコーンをそれぞれ2つ、青色のコーンを4つライン上に設置する。

手順

黄色のコーンに構える選手は味方選手へパスを送る。プレッシングチームは洗練されたダブルアタックでボールを奪いにいく。ボールを奪うことに成功したなら、状況を打開し得点する。

👍 チェックポイント

2人目の選手（サイドMF）のスタートポジションは、青色のコーンの交点にする。1つのアクションが終了後に、逆サイドで同じ練習をする。

MENU 7 ▶ 3対2 ペナルティボックス×2

ねらい▶ SB と状況に応じて守備的 MF または中盤サイド MF との
ダブルアタック

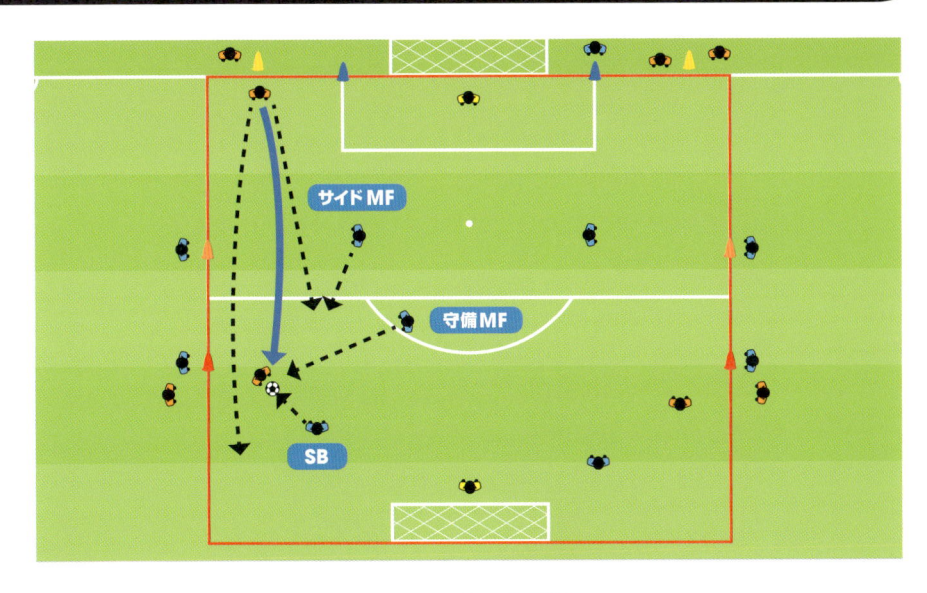

準備

ペナルティボックス×2のスペース（レベルに応じてやや狭いスペースに）。2チーム、2つゴール、GK 2人。位置確認のため、黄色と青色のコーンをそれぞれ2つ、オレンジ色と赤色のコーン2つをサイドラインに設置する。

👍 チェックポイント

SB と守備的 MF のダブルアタックがトレーニングできるが、パスを出した選手が攻撃に参加したときに、どう対応するかもトレーニングできる。

手順

❶黄色のコーンに構える選手は味方選手へパスを送る。プレッシングチームは洗練されたダブルアタックでボールを奪いにいく。ボールを奪うことに成功したなら、状況を打開してゴールを狙う。

❷守備的 MF のスタートポジションは、ピッチ中央。パスを出した選手は、攻撃に参加し、同様にオレンジ色と青色のコーンの交点にいるサイド MF も守備に参加する。アクション終了後に、外の選手は、先ほど参加した選手と交代する。

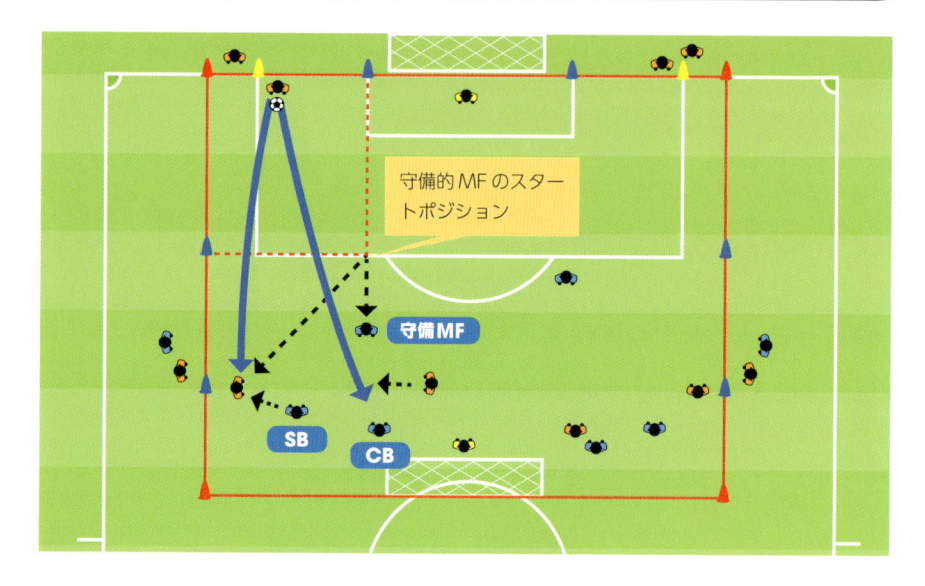

MENU 8 ▶ 3対2：両サイド

ねらい ▶ サイドでのダブルアタックの習得

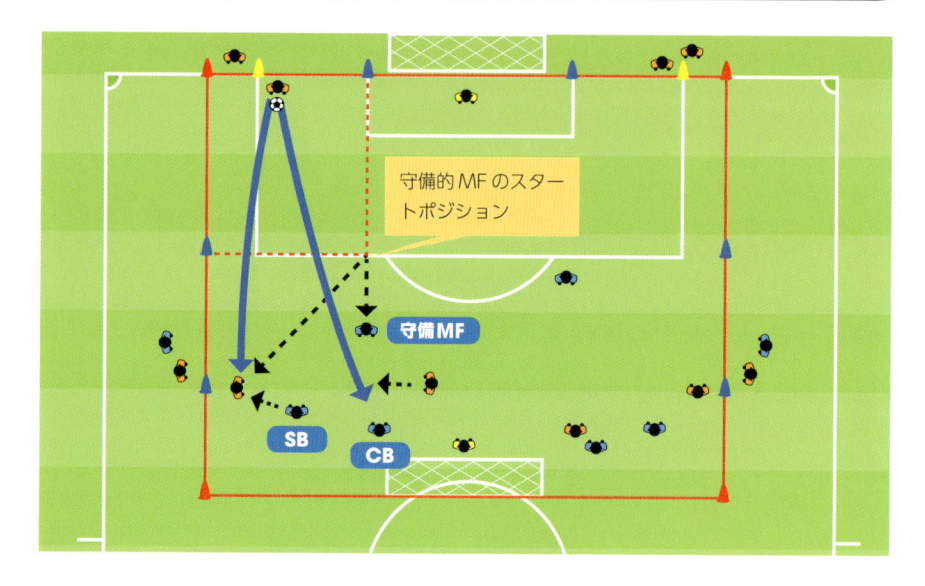

守備的 MF のスタートポジション

守備MF

SB

CB

準備

スペースはセンターサークルまでの広さ、選手のレベルに応じて狭くすることも考えられる。2チーム、ゴールを2つ、GK 2人。位置確認のため、タッチラインには黄色と赤色のコーンをそれぞれ2つ、青色のコーンを6つ設置する。

チェックポイント

ここでは、守備的 MF と CB の連携と同様に、守備的 MF と SB によるダブルアタックもトレーニングできる。

手順

❶ 黄色のコーンに位置する選手は味方選手にパスを送る。プレッシングチームは洗練されたダブルアタックによりボールを奪うことに挑戦する。ボールを奪ったならゴールへ攻撃を仕掛ける。攻撃陣は状況を打開し得点を狙う。

❷ 守備的 MF のスタートポジションは、青色コーンの交点にする。その後は、逆サイドで次のアクションが行われる。アクション終了後、外で待機する選手が交代で入る。

プレッシング概論

ミドルプレッシング

ハイプレッシング

ロープレッシング

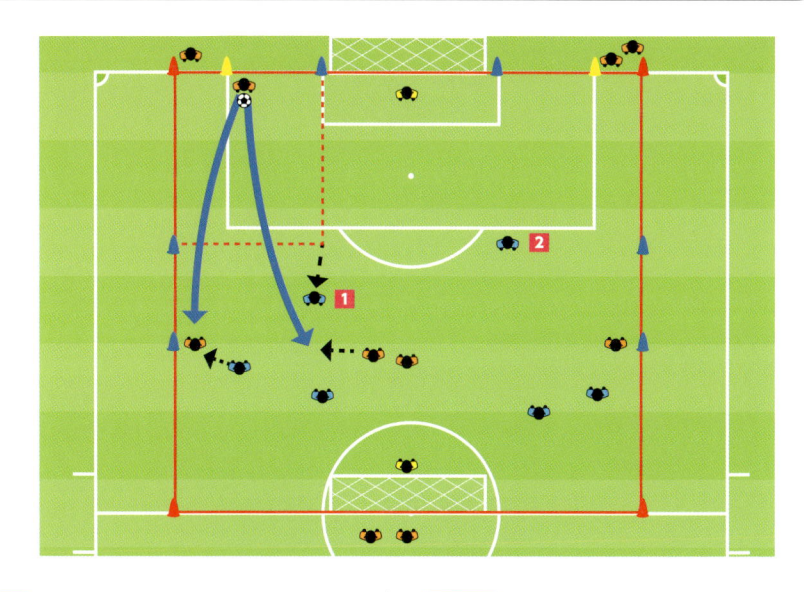

MENU 9 ▶ 4対3：ハーフコート（両サイド）

ねらい ▶ サイドでのダブルアタックの習得

準備

スペースはハーフコート、レベルに応じて狭くすることもできる、2チーム、2つのゴール、GK2人。位置確認のため、黄色のコーン2つ、赤色のコーン4つ、青色のコーン6つをライン上に設置する。追加で1人のFWを配置する。

👉 チェックポイント

ここでは、守備的MFとサイドMFの連携と同様に、守備的MFとCBによるダブルアタックもトレーニングできる。

手順

❶ 黄色のコーンにいる選手は味方選手にパスを出し、攻撃に参加する。プレッシングチームは洗練されたダブルアタックでボールを奪うことに挑戦する。ボールを奪えたらゴールを狙う。

❷ 攻撃陣は状況を打開できたらシュートを狙う。プレッシングチームの選手**2**は、ボールを奪うことに成功し、サイドからクロスが送られてきた場合のみ参加する。

❸ 選手**1**と**2**は練習サイドが変わる度、役割を常に交代する。選手**1**のスタートポジションは、青色のコーンの交点からとなる。アクション終了後、逆サイドで次のアクションがスタートする。

MENU 10 ▶ 8対8：ミドルプレッシングの習得

ねらい ▶ サイドでのダブルアタックの習得

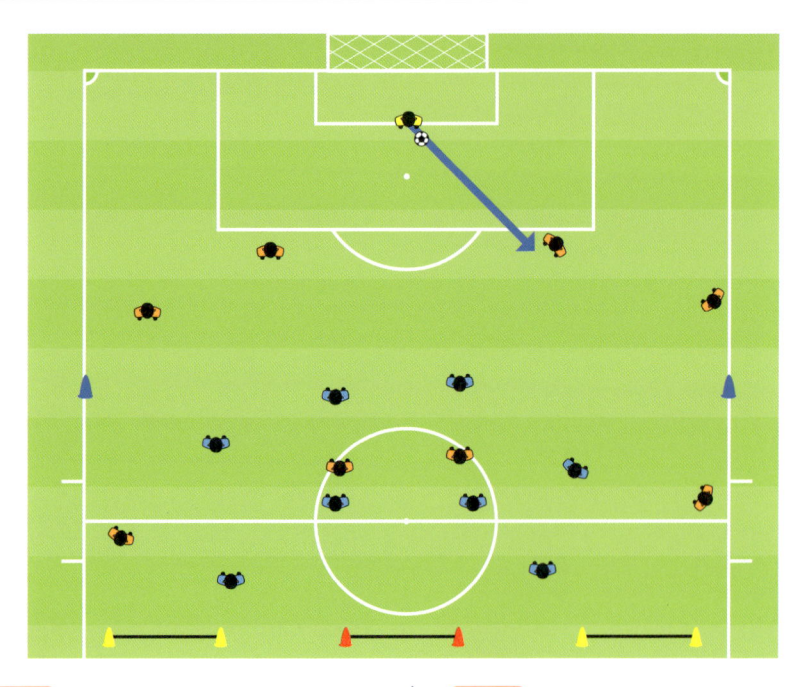

準備

センターラインの後方に、2つのドリブ
ル突破用のゴール（約10mの幅）とパ
ス用のゴールを1つ（約10〜15mの
幅）を設置する。1つのゴールにGK、
8対8（ここでは両チームとも4−4−
2、フラット4システム）で行う。

手順

GKからのフリーパスによって展開が始
まる。守備側のチームは状況に応じてプ
レッシング（中へもしくは外へ、監督の
指示で）を実行し、ボールを奪ったなら
ゴールを狙う。

👍 **チェックポイント**

相手チームの様々なフォーメーション、システムを考慮する。ボールがタッチラ
インを割ったらスローインではなくGKから再開する。

留意点

　ミドルプレッシングの目標は、相手チームのビルドアップをピッチ上のあるゾーンへと誘導し、ボールサイドで数的優位をつくることである。そのとき、ボールホルダーに対して、ダブルアタックを仕掛け、ボールを奪う。この流れを考える上で、以下の3つの場面が想定される。

場面1

→2トップが縦パスを遮断する

場面2

→相手の組み立てを外へと誘導する。そこで、サイドにあるボールに適切なアプローチを行うことで、サイドに張っている選手、もしくは中に構える選手へのパスを誘発することができる。

場面3

→ボールホルダーに対して、状況に応じたダブルアタックを実践する。

選手全員に、このミドルプレッシングの流れを理解してもらいたい。また、ここまでに紹介した Menu1 ～ 9 までは、主に【場面3】にフォーカスしている。Menu10 では、【場面1】と【場面2】を経て、最後にダブルアタックへつなげていこうという流れである。

　ドイツのノルトライン・ヴェストファーレン州には、日本人選手もプレーする多くのプロクラブがあります。シャルケ04、ボルシア・ドルトムント、バイヤー・レバークーゼン、ボルシアMG、フォルトナ・デュッセルドルフ、FCケルン、MSVドゥイスブルグなど歴史と伝統を誇るクラブは、明日のスター選手を育てようと切磋琢磨しています。

　これらの強豪クラブの多くは、9歳チームから育成をスタートさせています。そして、9歳から14歳までのカテゴリーでは、一般のリーグに参戦することなく、これらのプロクラブだけで運営される独立リーグ内で試合をしています。

　この独立リーグでは、9歳〜11歳カテゴリーでは20分×3本、12歳〜13歳は25分×3本、14歳リーグでは、40分×2本というスタイルでリーグ戦を行っています。このリーグには、優勝というタイトルはありますが、下部リーグに降格がないので、指導者は残留争いのために片寄った選手起用をする必要がない

のです。これには、多くの子どもたちが、少しでも多く試合に出られるようにという狙いがあります。

　また、ドイツのお隣の国、オランダでも、子どもたちのために同じような独立リーグがあります。そこでは、所属する子どもたちの出場機会を平等にするため、さらにすべてのポジションを学ぶことができるように教育しています。

　例えば、右SBの選手が、交代でアウトになった場合には、CBの子が右SBに入り、左SBの子がCBへ、左サイドの攻撃の選手が1つポジションを下げて、というように、ポジションを回すそうです。さらに興味深いことは、試合の結果を発表しないことです。そこでは順位表も、優勝も降格チームもなく、クラブの指導者たちが、落ち着いて子どもたちと向き合うことのできる環境をつくろうとしているのです。

　子どもたちが、指導者やクラブからの過剰なプレッシャーを受けることがないように、という配慮をしているのです。

第3章

ハイプレッシング

ボール奪取戦術における分析

　ハイプレッシングは、最も攻撃的なスタイルです。相手チームを敵陣深く、ゴール前に留まらせプレッシングを仕掛けます。そして、そこでボールを奪うことに成功すれば、最短距離で敵ゴールに迫ることができます。もちろんハイプレッシングが、他のボール奪取戦術よりも危険が伴うことは、明白です。しかしながら、例えば試合終了間際の1点を追う場面を想定したとします。相手チームは守備ラインでボールを保持しています。もし、この試合に負けたくないのであれば、そこでは、攻撃的な守備が必要になります。

　そのためには、チーム戦術としての、守備アクションをトレーニングすることが重要です。選手間の連携を訓練し、改善していくことができればより成功へと近づくことができるはずです。

誰がハイプレッシングへの指示を発するのか？

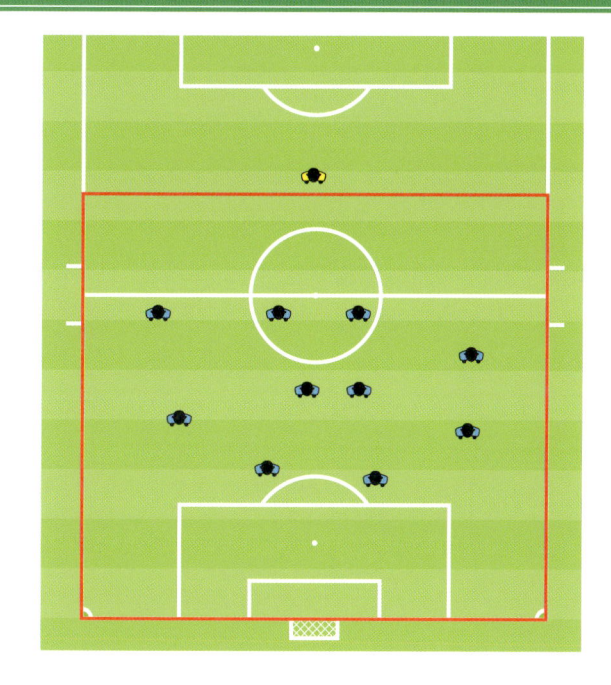

　ここで、「誰がハイプレッシングの指示を発するのか」という重要なテーマが発生します。ボールに近い攻撃の選手なのか、後方中央に構える選手なのか。例えば、後方の選手が指示を発したとします。そしてこの指示を受けて、前線の選手たちが、プレッシングをスタートさせますが、その直後にそのプレッシングチャンスは、すでに終わっていることが多いのです。

　私の見解では、コンビネーション、すなわちチーム全体の連携が効果的だと思います。プレッシングのスターターは、「攻撃の選手」であるべきです。その選手はプレッシングをスタートさせるに当たり、効果があるのかないのかを判断しなくてはなりません。その攻撃の選手がスタートを切った直後に、後方で試合をコントロールする選手も、それに続くのです。もし、チーム全体のポジショニングが非効率的な場合には、それを中止させることも必要になります。

POINT

ハイプレッシングは、非常に攻撃的な守備。相手陣内の深い位置でボールを奪い、最短距離でゴールを狙う。

ボール奪取はどこで実行されるべきなのか？

プレッシング概論　ミドルプレッシング　**ハイプレッシング**　ロープレッシング

　ボールがピッチに置かれた状態からのゴールキックでハイプレッシングを実践する際には、ヘディングが強くて、スピードのある選手が必要です。また、セカンドボールへの対応や、蹴られたボールがどこへいくのかを予測することが、とても重要になります。

　相手を誘導するプレッシングの場合には、その誘導する方向がポイントです。基本的には、サイドでスペースを狭くし、ボールを奪っていきます。もし、相手のパスを中央スペースに誘導し、ボールを奪うことができれば、素早い攻守の切り替えに向けて、理想的なポジションになります。

　監督より事前に指示された戦術はとても重要です。トレーニングされてきた相手を誘導するプレッシングは、どんなときでもチャレンジできるというメリットがあります。

ボール奪取における「特別な状況」

「特別な状況」でプレッシングを仕掛ける場合には、その「特別な状況」が発生しない可能性も十分にあるということを考慮しなくてはなりません。その「特別な状況」は多くの場合に、相手選手の技術的なミスによるものです。例えば、ミストラップ、または相手守備陣の背後にパスを送り、彼らがそのボールを追わなくてはいけない状況となり、プレッシングチームがそれを背後から追い込む状況などです。

またプレッシングチームが、相手守備陣の背後にダイアゴナルパスを入れて、このボールを追わせるのです。ここで積極的にプレッシャーをかけることもできます。このスタイルではあれば、多くの場合で実行可能です。このスタイルは、「ゲーゲンプレッシング」（敵陣深くに攻め入りながらも、ボールを奪われた際に、間髪をおかずにボールを奪い返しにいくプレッシングのこと）の1つのバリエーションとも捉えることができます。「ゲーゲンプレッシングの視点や要素」は、ハイプレッシングの中に見ることができます。相手のスローインや、前述したピッチに置かれた状態からのゴールキックの場面でも、実行可能です。

プレッシングターゲット

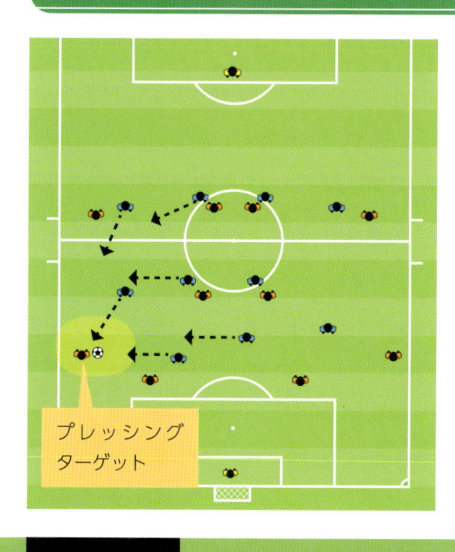

プレッシング
ターゲット

相手チームを観察し、技術のない選手を特定したら、その選手へのパスを誘発します。パスが出た際に彼にアタックするのです。この選手を「プレッシングターゲット」と呼びます。この選手に対して極端にスペースを与えることで、この選手へのパスを誘発することができます。

POINT

相手を誘導するプレッシングと、相手の弱点を狙うプレッシング（プレッシングターゲット）を状況に応じて使い分ける。

相手を誘導するハイプレッシングは中央かサイドか？

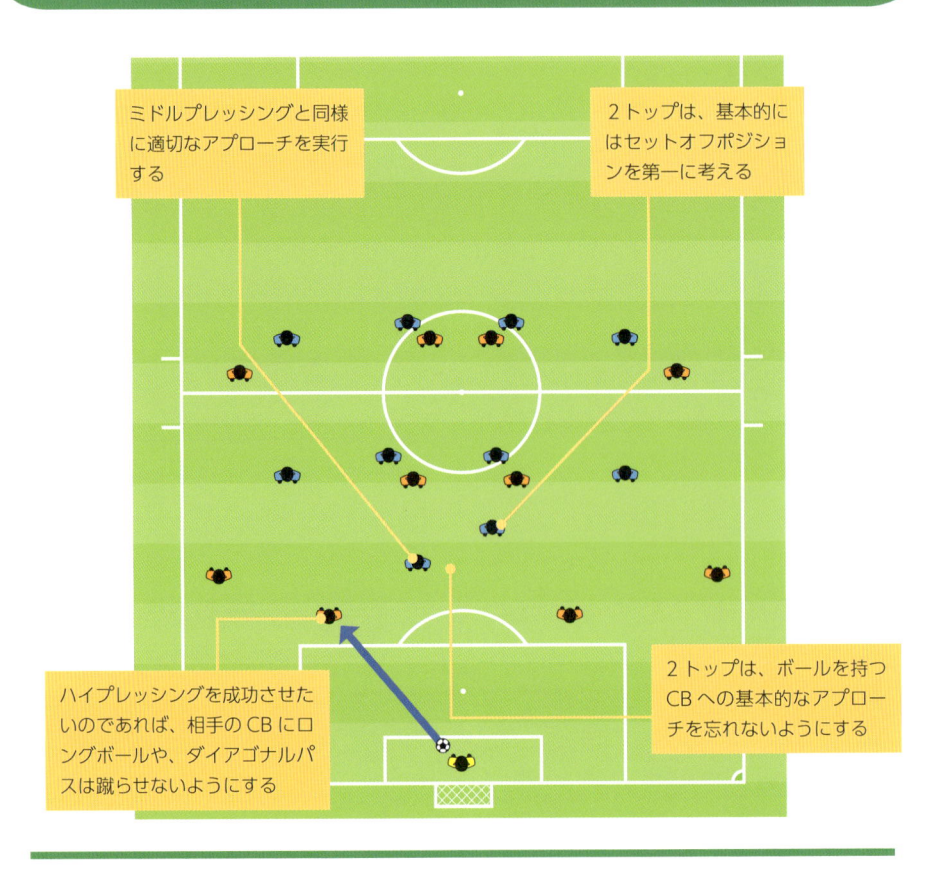

ミドルプレッシングと同様に適切なアプローチを実行する

2トップは、基本的にはセットオフポジションを第一に考える

ハイプレッシングを成功させたいのであれば、相手のCBにロングボールや、ダイアゴナルパスは蹴らせないようにする

2トップは、ボールを持つCBへの基本的なアプローチを忘れないようにする

　ハイプレッシングの際に、中央スペースでボール奪取に成功すると大きなチャンスになります。サイドでボール奪取を狙う場合には、タッチラインは大きなサポートになり得ます。しかし、そのサポートを受けてボールを奪ったにもかかわらず、ボールを保持した瞬間からそのラインは私たちのスペースを制限し、さらに相手の「ゲーゲンプレッシング（ボールを失った直後のプレッシング）」を誘発するのです。中央とサイドでのそれぞれのアクションについて、確認していきます。

相手守備陣に対してプレッシャーをかけない

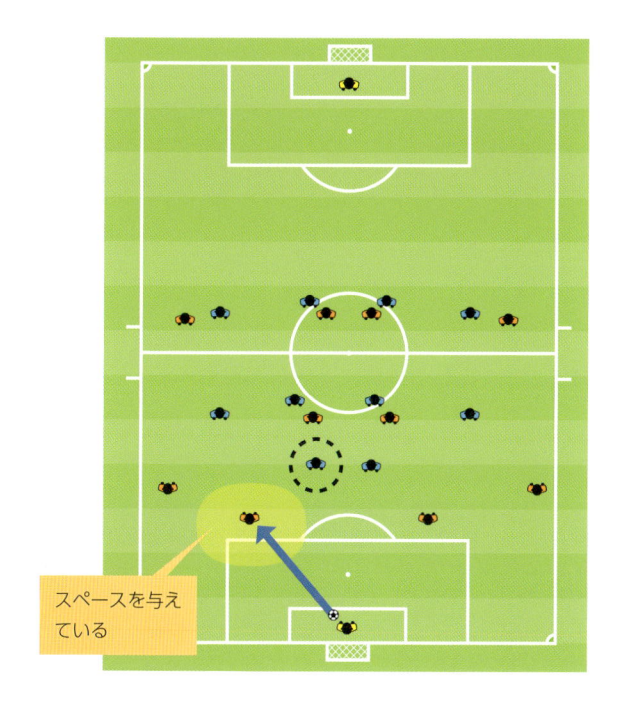

スペースを与えている

　まず大切なことは、相手陣内深くまでブロックを押し上げすぎないことです。そして相手守備陣に対してある程度のスペースを与えることです。さもなければ、相手は注意深くなりパスを出さなくなります。上の図ではGKがボールを持っており、プレッシングチームは、相手にスペースを与えています。おそらくGKは、守備陣にパスを送るでしょう。もしかしたら、ロングボールを蹴るかもしれません。しかし、プレッシングチームの守備ブロックはコンパクトに保たれています。GKがCBにパスを出したなら、プレッシングチームは軽くブロックを押し上げます。通常ここではパスを受けたCBにすぐにプレッシャーはかけません（例外として、選手の技術的なミスがあった場合は除きます）。ボールに近いFWがそのCBに対してポジショニングを取り、プレーを遅らせるだけにします。

POINT

基本的に、2トップ、中盤4人の選手、4バックとの連携の形は、ミドルプレッシングの形がベースとなる。

CB の利き足にアプローチをかける

効果的なのは、ボールに近い FW が CB の利き足へ向かってアプローチしプレッシャーをかけることです。そうすることで相手のロングボールを防ぐことができます。

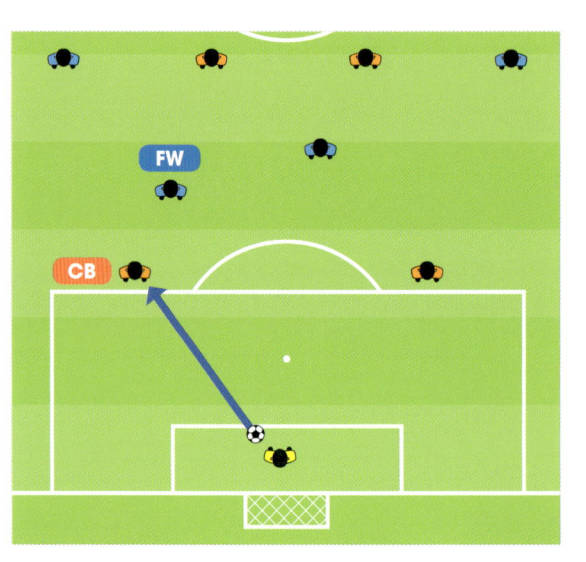

手順

ボールに近い FW が CB の利き足へ向かってアプローチし、プレッシャーをかける。まず、試合開始前から、両 CB のプレーを観察して、利き足を確認する。ここでは、左 CB が左利きとする。

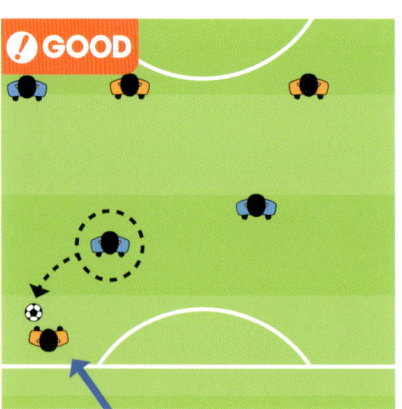

相手 CB の左足（利き足）にアプローチすることで、ロングボールを防ぐことができる。

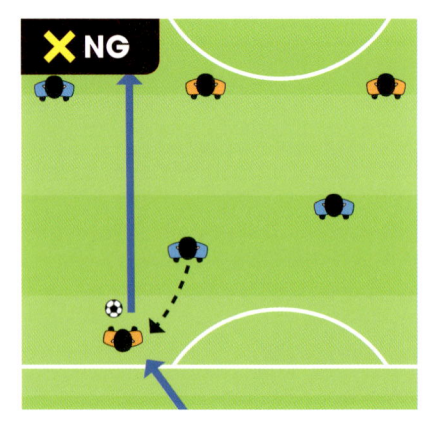

利き足ではないほうにアプローチをかけてしまう。または、アプローチが遅れてロングボールを蹴られてしまう。

STEP 2 ハイプレッシングのスタートシグナルは CB のパス

このパスが極端に鋭いものでなく正確なものではないときに、ハイプレッシングを実行します。 次の図はボールに近い FW のランニングコースを示してます。

手順

ボールに遠い FW は、相手 CB へのパスが出た瞬間にスタートを切る。

ここのパスは不正確なものや鋭くないもの、ボールを受ける CB が、前を向けないパスが出されたときも含める。

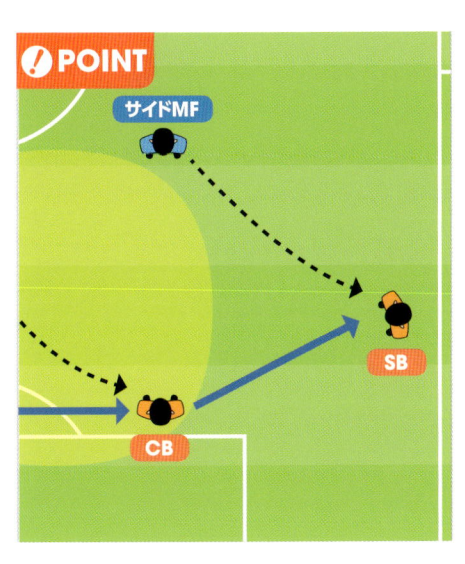

CB から SB にパスが出されるときも同様にアクションは始まる。それはサイドの選手のスタートのタイミング。サイドMF は SB に対して直線的ではなく、さらに大きすぎない曲線でランニングコースをとることが重要になる。このアプローチの仕方は、続くすべてのアクションにおいても、ミドルプレッシングと同様に大きな意味を持つ。

ボールに近いサイド MF のアクション

もう1人の CB がボールを受けてからの状況です。ミドルプレッシングでのトレーニングが応用されます。ここでは再び、中央スペースへのパスを誘導します。

プレッシング概論

ミドルプレッシング

ハイプレッシング

ロープレッシング

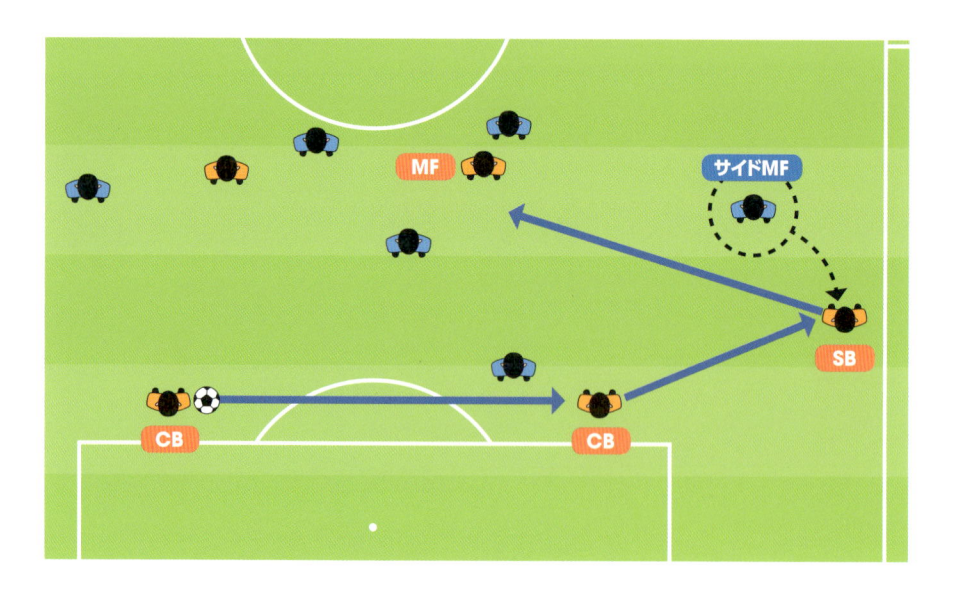

サイド MF は、相手 SB へのパスを誘発するために、ミドルプレッシングのときと同様に、マークにはいかずにスペースを与える。サイド MF は、サイドへと張り出しすぎず、中へも絞りすぎずに適切なポジショニングを調整する。中へ絞りすぎると、中央スペースへのパスは防ぐことはできるが、相手 SB への距離が長くなってしまう。特に中へ誘導するときには、縦パスを切るために、サイドライン方向へ走らなくてはならないが、その際に簡単にかわされないように、相手との間合いに注意する。上の図からわかるように、ボールに近い守備的 MF に対しても適切なポジショニングが求められる。相手の MF に対して出されるパスを奪うために、相手の後方、なおかつボールに近いサイドに入れば、パスに対して最短距離を取ることができる。

相手の SB へパスが出たら、プレッシングチームのサイド MF は縦パスを切るためにアプローチし、中央にいる相手 MF へのパスを誘発します。そのため相手 MF に対して、ある程度のスペースを与えます。

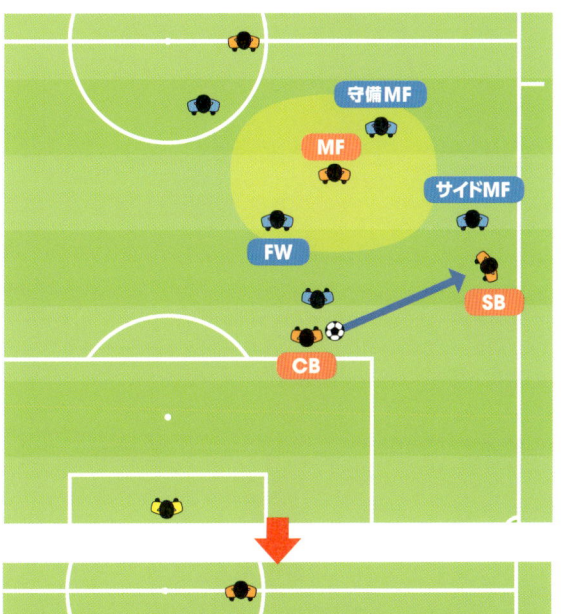

手順

パスが出たら、守備的 MF と FW によるダブルアタックが行われる。左の図は「プレッシングターゲット」の例を示している。右 SB に対して故意にスペースを与えることで、彼へのパスを誘発する。

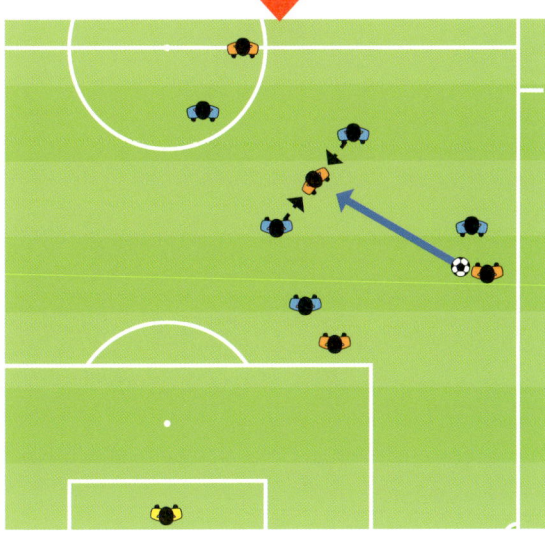

左の図は、ダブルアタックのときの正しいポジション。

STEP 5 相手守備陣のミスパスを見逃さない

相手の MF がプレッシングチームからプレッシャーを受け、味方守備陣の背後へミスパスをしてしまう状況です。

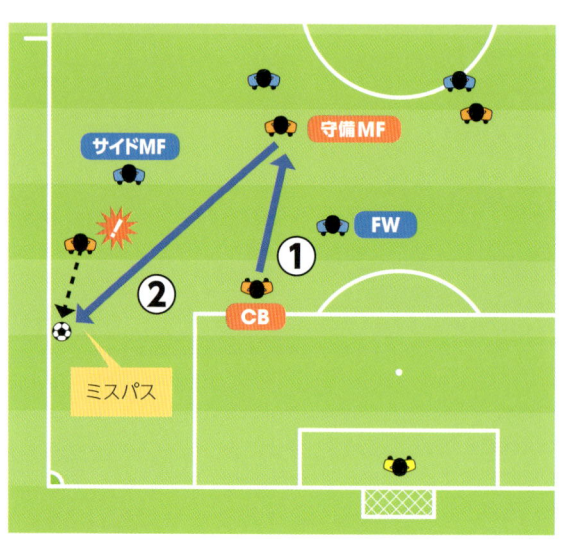

手順

相手の守備的 MF に対してプレッシャーをかけることで、彼が守備陣の背後へとミスパスを出してしまう。守備陣はこのボールを追いかけなくてはならず、彼らは攻撃方向に背を向けることになる。

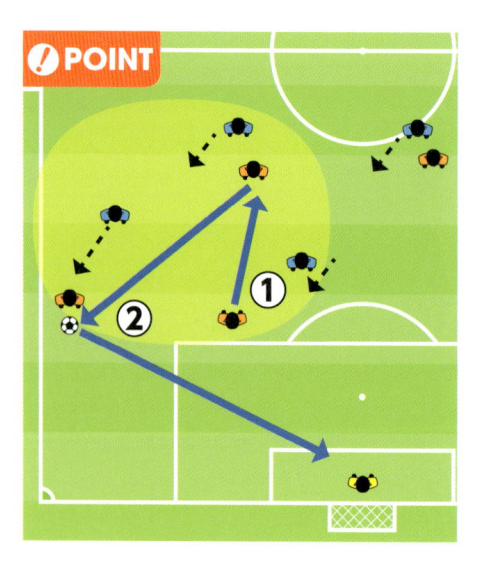

コンパクトに前進し相手を追い込む。GK へのバックパスも考えられる。このバックパスを GK は大きくクリアする可能性があるため、適切なタイミングで 4 バックは後方へ下がり、カウンターを受けないことに注意する。

ボールから遠いFWがアプローチする

次の図は2トップのもう1つのバリエーションを示しています。ここではボールから遠いFWがアプローチをします。今まではボールに近いFWがアプローチをしていましたが、状況に応じてボールから遠いFWがアプローチする選択肢を加えます。

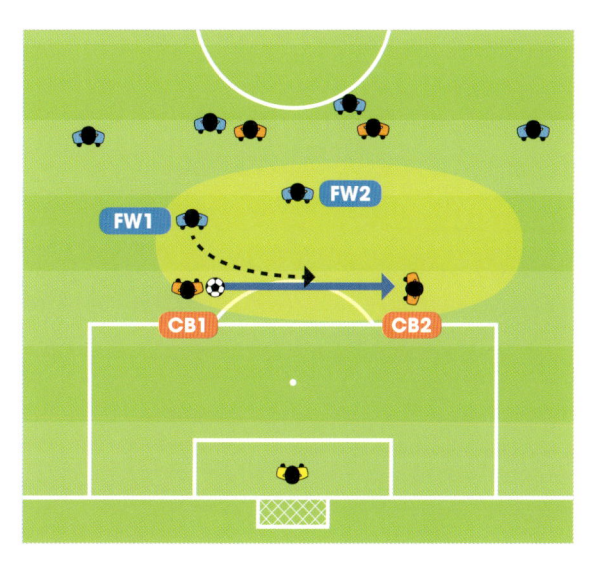

状況

CB ①から CB ②へパスが出たら、FW①がアプローチをかける。両CB間の距離が短かったり、パススピードが遅かったりするタイミングがボール奪取のチャンスとなる。

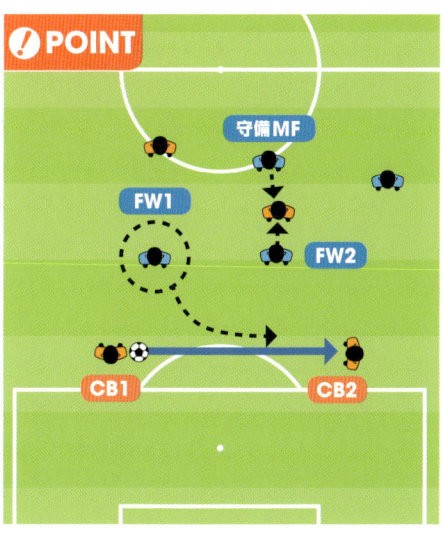

FW①がアプローチをかけ、封鎖（再びCBへのパスコース）しながら、CB②が次の右SBへパスを送るよう誘導する。FW②は守備的MFとダブルアタックが狙えるようにステイし、状況を読むようにする。

CASE2 GK からのロングボールに備える

次の図は、GK がゴールキックを蹴るときのポジションです。図の通り、GK は CB にも、SB にもパスを通すことはない状況です。

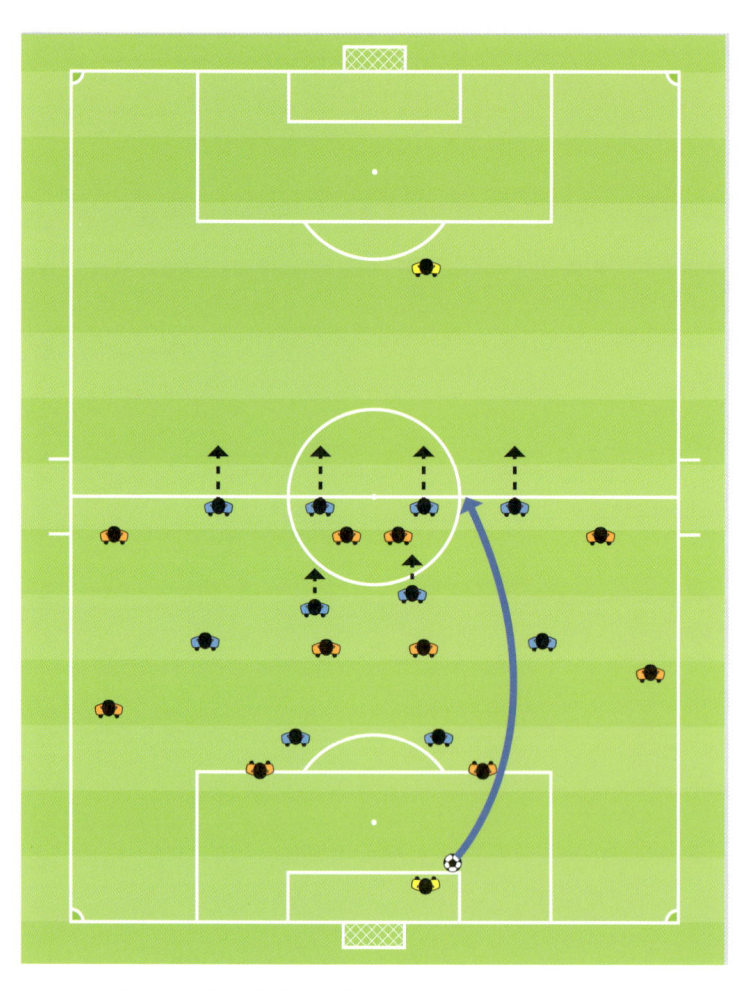

ここでは、3 ～ 4 人の攻撃的な選手だけが、前にポジションをとる。残りの選手たちは、予測されるロングボールに対応するために、後方へとポジションをずらす。そして、このロングボールに競り勝つことで、セカンドボールを拾うことができる。

CASE3 ダイアゴナルパスで相手を追い込む

プレッシングを実行するチームは、相手守備陣背後にロングボールを蹴り、彼らを後方へと走らせます。ここで相手を狭いスペースに追い込むことができます。このケースは特別に魅力的な状況ではありませんが、局面によっては効果的な場合があります。

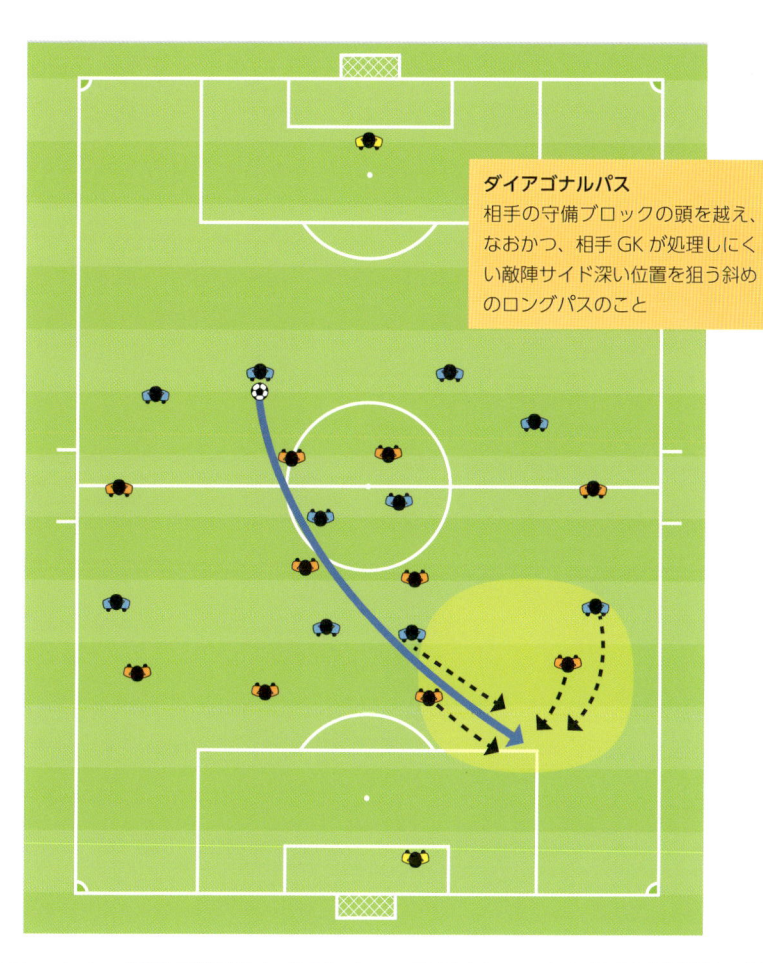

ダイアゴナルパス
相手の守備ブロックの頭を越え、なおかつ、相手 GK が処理しにくい敵陣サイド深い位置を狙う斜めのロングパスのこと

このアクションも、監督の戦術的な考えによって実行される。もし監督が守備陣に対してロングボールを、とりわけダイアゴナルパスを要求するならば（たとえば、守備陣が技術的な問題を抱えているときや、相手チームの前線からのプレッシングが極端に強いときなど）、この状況が頻繁に発生する。

Column3 名将たちの言葉

私は以前、プロサッカー指導者のコーチング心理学研究のお手伝いをする機会を得ました。日本の指導者の皆さんに、紹介したいお話がいくつかあります。

1 レギュラー選手以外への心配り
ヴォルフガング・ロルフ氏

彼は、7年連続で欧州チャンピオンズリーグに出場した経歴を持ちます。彼には、「プロチームの指導者として、最も難しいことは何ですか」と質問しました。

「最も重要で困難な作業は、試合に出られない選手たちのサッカーに対する気持ちが折れないよう、コミュニケーションをとることだよ。控えの誰かが試合に出なくてはいけないとき、彼らが本領を発揮できるように、普段から心配りをすることが、重要な仕事なんだよ」と話してくれました。

偉大なキャリアを持つ指導者が、若い選手たちの心のフォローもすると知り、驚きました。

2 向き合う相手が誰であろうとも
オットー・レーハーゲル氏

彼は、2004年にサッカー先進国とは言い難いギリシャを指揮し、欧州制覇を成し遂げた監督です。彼には、「指導者として、最も大切なことは何ですか？」と伺いました。

「例えば、君が小さなクラブのキッズチームの監督をするとしよう。しかしそのときであっても、君はプロのトップチームの監督をやるときと同じ気持ちでやらなくてはならない」。

相手が子どもであろうとプロ選手であろうと、真摯に向き合い、全力で取り組まなくてはいけないとおっしゃっていました。

3 サッカーを辞めても…
ベレナ・ハーゲドルン氏

彼女は、ドイツ女子ブンデスリーガのトップチームで監督をしています。自身も、ドイツ女子代表チームで活躍された経歴のある方です。彼女には、「指導者として最も成功したと思える瞬間はどんなときですか？」と質問をしました。

「自分の教え子が、もしサッカーを辞めてしまっても、彼女が元気で幸せに暮らしていると知らせてくれたときかな」と笑顔で話してくれました。とても忘れることのできない言葉でした。

第4章

ロープレッシング

ボール奪取戦術における分析

　ロープレッシングを実行するとき、プレッシングチームは自陣まで戻ります。守備ブロックをコンパクトに保ち、相手にスペースを与えないようにします。

　守備ブロックを自陣深くまで下げることのメリットは、ボール奪取後にカウンターのためのスペースが十分にあることと、守備陣の背後への危険なパスを通される可能性を最小限にできることです。

　一方、デメリットは、スペースを消すことができても、多くの場合、相手の攻撃に対してリアクションをとらなくてはならないことです。また、攻撃時に、ボールを失えば、守備ブロック形成までの走行距離が長くなります。特にFW陣は長い距離を走ることになるでしょう。また、相手にロングボールをゴール前に蹴り込まれたとき、そこでセカンドボールを失うと即座に失点につながる恐れがあります。

相手を誘導する中央でのプレッシング

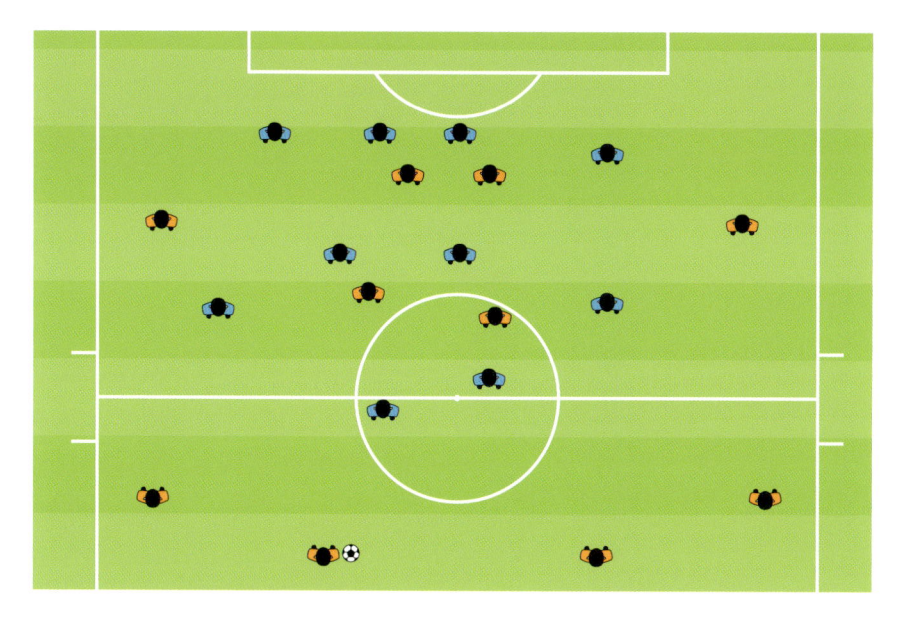

ロープレッシングを実行する際には、プレッシングチームは自陣まで戻ります。そして
コンパクトな陣形をとり、相手に対してスペースを与えないようにするのです。上の図
ではスタートポジションが明確です。次ページの図ではサイドの選手がスタートを切り、
中へ誘導しています。相手を中央に誘導するプレッシングの際、ダブルアタックへ向け
て有利であるとき、ボール奪取後によい展開を望めるとき、チーム全体の守備ブロック
がボールの後方へ構えるときは、リスクがありません。ここでも重要なことは、次のよ
うな洗練された戦術的アプローチを実行することです。

① 急ぎすぎず、慌てずアプローチすることで相手にかわされないようにする

② 最初にサイドライン方向へ走り出し、そうすることでライン沿いのパスコースを消す
　ことができる

③ SB へ体を寄せ、プレッシャーをかけることでパスを出させることを誘発する

👍 チェックポイント

すべてのプレッシング戦術に共通して言えることは、中盤の選手に対してスペー
スを与え、その選手へのパスを誘発することである。そこで積極的なダブルアタッ
クを実行し、ボールを奪う。

自陣でプレッシングを実行する場合、多くの監督が「外へ誘導」することを優先しますが、ここでは「中へ誘導」します。

守備MF

サイドMF

守備MF

② FW

SB

ここでも相手守備的 MF にスペースを与え、パスを誘発する。パスが出たら、積極的なダブルアタックでボールを奪う

① CB

自陣の中央スペースでプレッシングを実践する場合は、ダブルアタックを狙いやすく、またボールを奪ってからの展開に多くの可能性がある。そして、もしボールより後方に守備ブロック全体が引いていれば、リスクは少なくなる。アプローチのときは、急ぎすぎず、慌てず、かわされないよう注意し、縦パスを消すために、サイドラインへスタートする。相手 SB に寄せながら、プレッシャーをかけ、中へのパスを誘発するのである。

サイドに誘導してもリスクは伴う

ダブルアタックを狙う位置に注意してください。相手のサイド MF は、すでに危険な場所にいます。

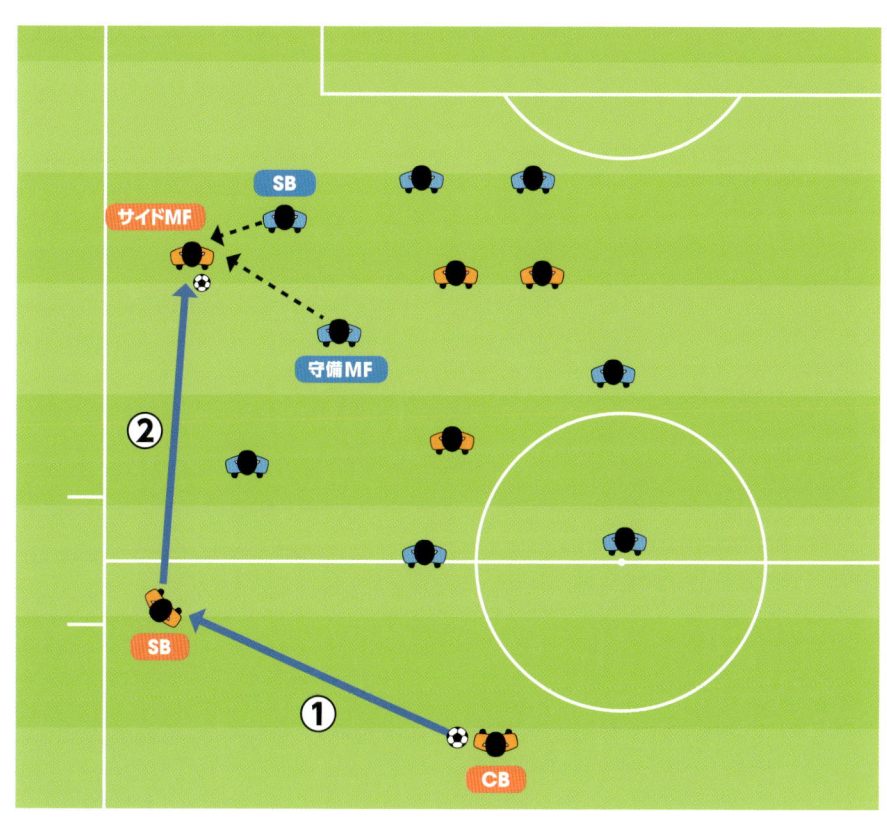

上の図のように、タッチラインのサポートを受けながら、SB と守備的 MF によるダブルアタックが効果的である。しかし、ボールに近い CB が守備的 MF の代わりにダブルアタックに向かってもよいとする監督もいる。いずれにしても、図を見てわかるようにどのように相手を外へ誘導しても問題があることが見て取れる。相手はプレッシングチームのゴールに近いスペースへボールを持って侵入している。いずれかの方法をもってしても、サイドから危険なパスやクロスをゴール前に送ることが可能である。外へ誘導したとしても、相手をゴールから遠ざけておくことはできないのである。

サイドへ誘導した際に起こりうる危険な状況

ここではある危険なパスの可能性と戦術的に非効率的な CB の守備アクションについて検証します。

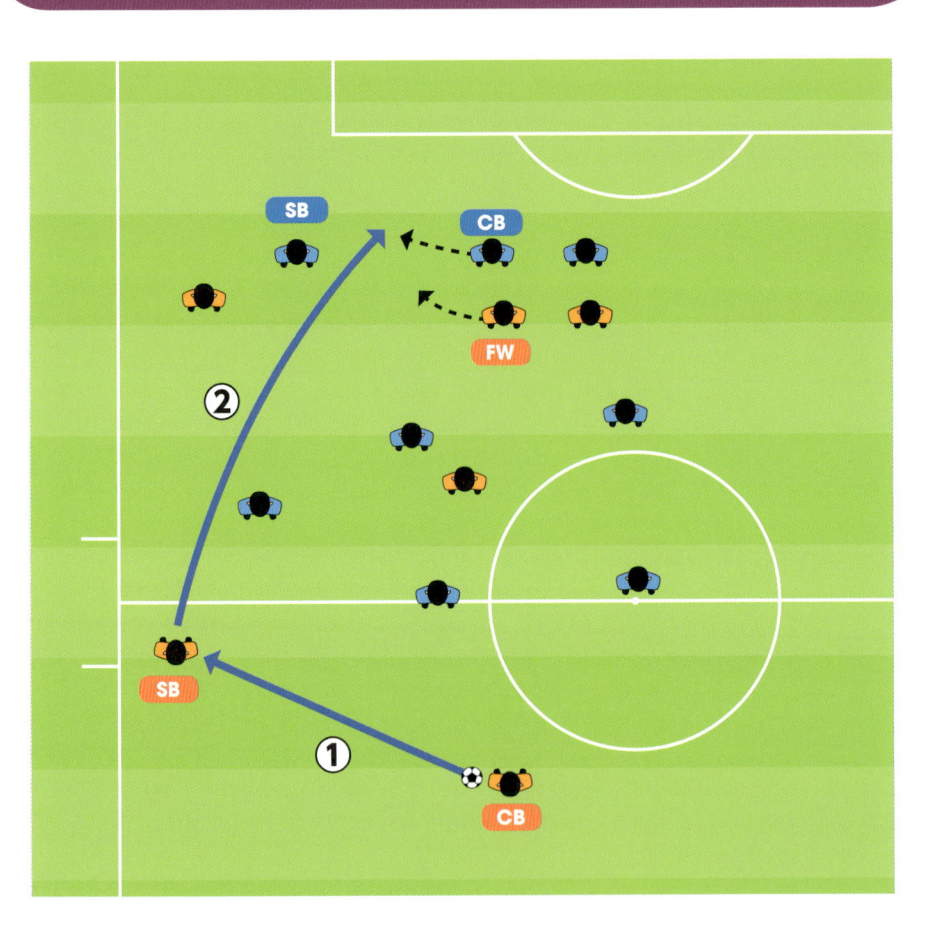

①のようにサイドへ誘導すると、②のようなパスを出されることがある。もしボールに近い CB が非効率的なポジションをとるならば、危険な状況が発生する。ボールに近い CB は、相手 FW をマークするときには、相手よりもボールサイド寄りで自陣ゴール方向へ軽くポジションを下げる。このアクションにより、パス②に対してよいスタートを切ることができる。

ロングボールへの対応

自陣深く引くことのデメリットは、ロングボールとその後のセカンドボールの処理が難しいことです。守備ブロックをゴール前まで下げれば、どうしても相手チームからのロングボールを避けることはできません。ここでは、その後に発生するロングボールへの対応について見ていきます。

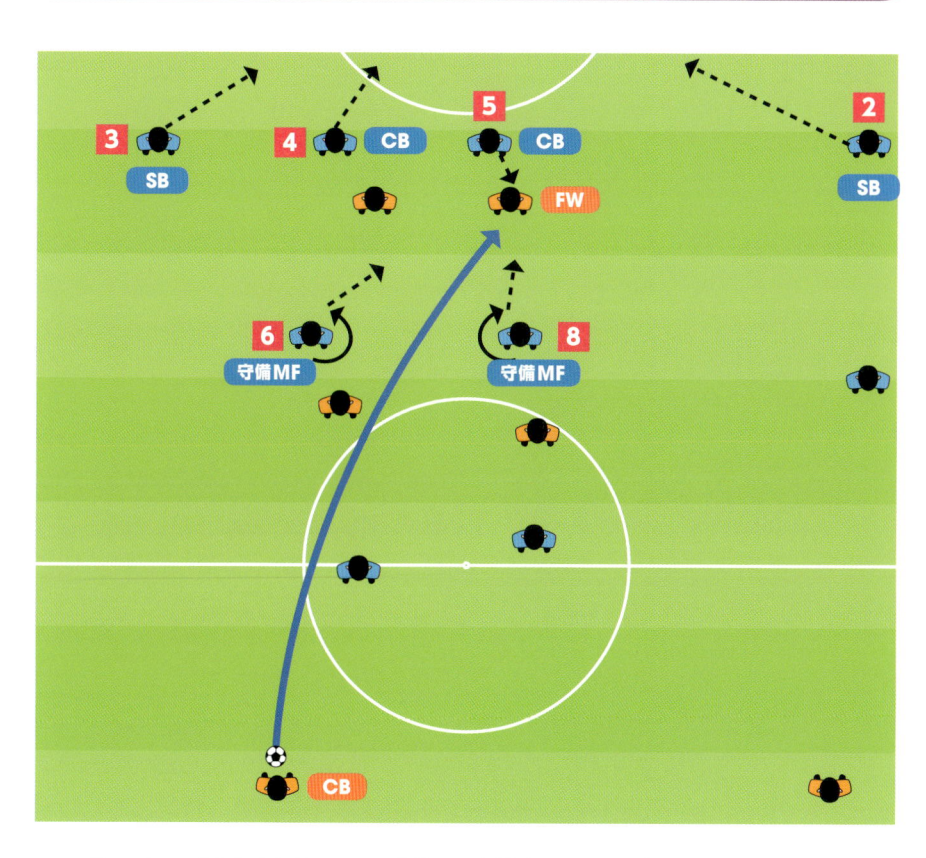

ロープレッシングのときには、ロングボールを阻止することができない。さらにこのロングボールはプレッシングチームをゴール前の危険な状況に追い込む可能性がある。ここで重要なことは、アクションを起こすことに集中すること。まずは、このロングボールに **5** が競り勝つこと。**2**、**4**、**3** は後方のカバーに入る。守備的 MF の **6** と **8** は振り向いてセカンドボールを狙う。ロングボールに対する、4 バックの連動と、セカンドボールへの反応はとても重要となる。

ロープレッシングをマスターするためのトレーニング

　すべての守備的戦術に向けたトレーニングは11対11が最適です。ロープレッシングを実行するとき、ゴール前の危険なスペースで相手のパスをコントロールすることは困難です。ゆえにすべての選手がこの戦術的コンセプトを理解することが重要になります。攻撃的な選手は試合状況に応じてスペースを消したり、ボールにアプローチをかけたり、誘導、ダブルアタックを狙うなど様々な判断が必要です。

　同時に、4バックにもさらに厳しい要求がされます。ロングボールを予測しても足下へのパスが出ることもあるからです。ロープレッシングでは、他の守備戦術よりも、適切な判断と賢い守備が求められるのです。

　練習では、常に22人の選手が揃うわけではありません。ですので、ここでは2つのトレーニング、8対8＋1GKの形式でのトレーニングを紹介します。

ねらい ▶ ロープレッシングの守備ブロックの形成

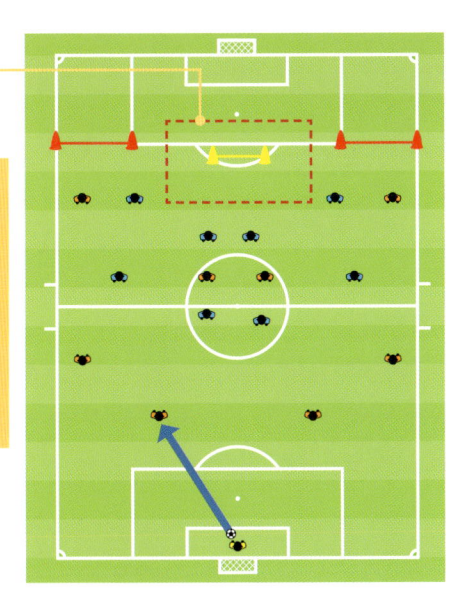

通常は2人のCB
と、2人のFWが
このスペースにポ
ジションをとって
いる。2人の守備的
MFが下がりすぎた
り、SBが中に入り
すぎないよう注意す
る

GKからCBへパスが
出たとしても、すぐに
アプローチへは行か
ず、プレッシングゾー
ンへと相手が来るまで
待ちたい

プレッシング概論

ミドルプレッシング

ハイプレッシング

ロープレッシング

最初のトレーニングでは、攻撃的な選手たちは図のようにポジショニングをとる。
ここでは攻撃側にはFWを置かず、プレッシングチームはCBがいない状態にする。
そのため、ここではスペースを狭くし、コーンゴールを設置することに意味がある。
両サイドのゴールは、ドリブル突破が成功した場合にのみ得点とし、中央のゴールはパ
スを通すことで得点とする（FWへのパスを想定する）。そうすることで、中央へのロ
ングボールがなくなる。プレッシングチームは、ボールを奪ったらゴールを狙いにいく。

👍 **チェックポイント** -

プレッシングチームは、CBがプレーしている前提で守備アクションを行う。守
備的MFとSBは、CBのポジションに入らず、通常通りそれぞれの課題に取り
組む。

ねらい ▶ ロープレッシングの守備ブロックの形成

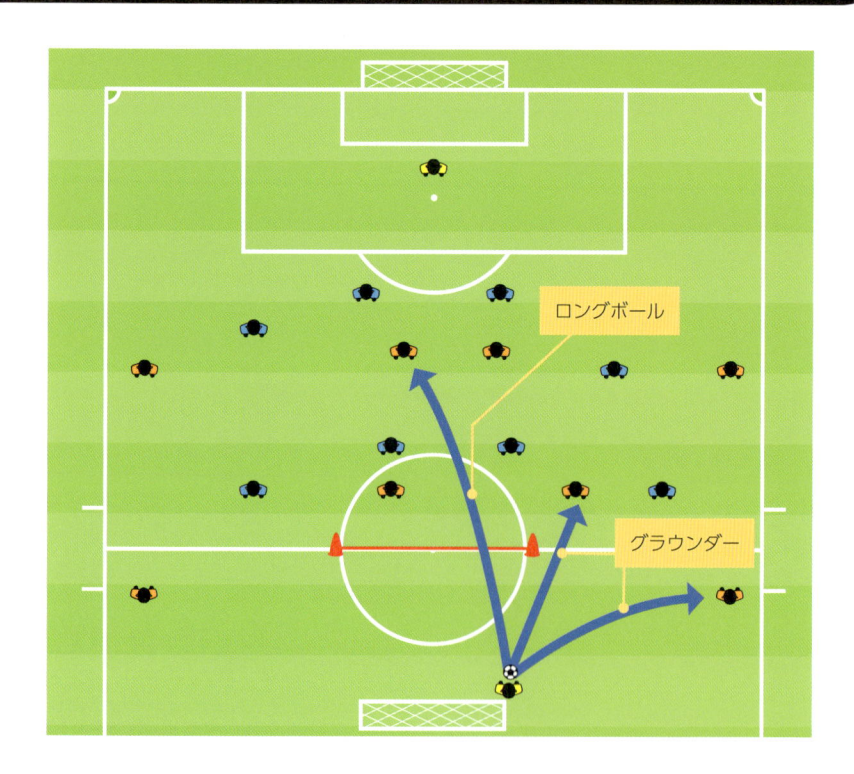

ここでは再び攻撃側の GK からトレーニングがスタートする。この GK の前に、赤いコーンが設置されているが、GK はこのコーンの間を通すときは、ロングボールを蹴らなければならない。これはプレッシングチームの 2 トップがいないためである。また、赤いコーン間を通過しないミドルゾーンへのパス、SB へのパスは、グラウンダーのパスが許される。

👍 **チェックポイント** --------------------------

パスの制限を設けることで 4 バックへのダブルアタックの要求が厳しくなる。
8 対 8 の形だが、上記の制限により、試合に近い現実的な状況が生まれ、4 バックには適切な対応が求められる。

ロープレッシングに対する理解

　ロープレッシングは、自陣に戻り確実な守備によりゴールを守るものである。ボールを失った直後、攻撃陣はセンターラインまで戻り、守備陣は自陣ゴールの２０ｍ〜２５ｍほど前にポジショニングする。

　ここでの最大の目標は、失点を避けることである。ディフェンスラインは、中盤の選手、そして攻撃の選手たちからのサポートを受けることができる。それにより自陣ゴール前で、よりコンパクトな守備ブロックを形成することが可能になる。

　つまり相手攻撃陣にとっては、プレッシングチームの背後を突くパスを成功させることが困難になるのである。逆にボールを奪えば、相手陣内にカウンターのための大きなスペースが存在するため、一気に得点のチャンスにつながる。

　しかし、注意をしなくてはならない点もある。相手陣内深くに侵入した際にボールを失えば、守備ブロック形成までの走行距離が長くなる可能性もある。とりわけ攻撃陣にとっては、長い距離を戻らなくてはならない。その攻撃陣が中央スペースへのパスを封鎖し、状況に応じて中盤の選手たちと連携して後方でダブルアタックを狙っていく。ただし、守備ブロックは失点を避けるため、ミドルプレッシングの場合よりも選手間の距離を短くするので、プレッシングターゲットにパスを誘発させるためのスペースを与えるのが難しくなる。そのため、ミドルプレッシングで実践したような計画的なプレッシングを狙うのは簡単ではない。

　また多くの場面で相手の攻撃に対して、リアクションを取ることになる。アクティブな守備はほぼ不可能である。さらに守備ブロックを下げていることで、相手の攻撃陣は自動的にプレッシングチームの危険地帯へとポジションを取ることが可能になってしまう。パスコースを見つけることができない相手の CB は、この危険地帯へと何らかの期待をしてロングボールを蹴りこんでくるはずであり、もしここでプレッシングチームが、ロングボールに競り負け、セカンドボールを拾うことができなければ、一気に失点へとつながるのである。

おわりに

　サッカーという競技で勝利するためには、相手よりも多くのゴールを奪わなくてはいけません。試合に負けないためには、失点は必ず避けたいところです。

　ここドイツでは、カテゴリーやレベルを問わず、リベロを置いたマンツーマン守備を見ることがなくなりました。多くのチームが、守備ラインをフラットにし、ボールに対してチームブロックをコンパクトにする守備にチャレンジしています。

　しかし、このボールを中心とした守備システムが発展し成功するにつれて、今度はこの守備システムに対抗するための攻撃方法が改善されてきたのです。そして今、この改善されてきた攻撃に対して、再びボールを中心とした守備システムが改変される時期がきたのです。

　今回紹介させていただいた本書のテーマは「プレッシング」です。そこでは、相手のビルドアップを自分たちの狙ったスペースへと誘導し、「誰がどの状況で誰とダブルアタックを成功させるか」が鍵となります。

　著者であるラルフ・ペーター氏は、2001年よりドイツサッカー協会にて、育成年代の指導に従事されてきました。そこでは、ジュニア・ユース世代のトレーニング理論を打ち出し、同時にU15及びU17ドイツ代表チームにて多くの選手たちを指導し、A代表に送り出してきました。

　ドイツでは、同氏の理論とトレーニング法に大きな影響を受けた指導者がたくさんいます。定期的に開催される同氏の守備をテーマにした講義の際には、「プレッシング」に関する質問が最も多く、それらの質問に答える形で、本書がドイツで出版されたとのことです。

　私自身はドイツで、現在も多くの指導者の方から様々なことを学ぶ機会を頂いています。一方で、ドイツの生きた指導方法を学びたいと、日本から渡独される指導者の方にお会いすることがあります。日本の春休みや夏休みを利用し、チームを率いて遠征に来られる方たちです。

　皆さんは、わずか1週間から10日ほどの滞在で日本へ帰国されます。皆さんが口を揃えて仰るのは、「もっと長く滞在し、ドイツのたくさん

の指導者から、もっと多くのことを学びたかった」ということです。

　日本の現場で指導をされていれば、数ヶ月もチームを離れることは困難なことだと思われます。ましてや、指導の他に仕事を抱えていればなおさらです。

　今回、ラルフ・ペーター氏の指導方法を日本の皆さんにお伝えしたかった大きな理由は、そこにありました。指導者の勉強をするために渡独したいけどできない、それでも日本で指導を頑張っている保護者コーチや、学校の部活動の先生たちに、ドイツサッカーの叡智をお伝えしたかったのです。

　本書をもとに、大切な選手たちとどうぞ練習を重ねてください。しかし、そのトレーニングでは、指導者側からの一方的な流れではなく、実際にピッチでプレーをする選手たちとの意思疎通を大切にしてください。そして、選手たちからのフィードバックに耳を傾けてみてください。練習後の指導者と選手たちとのコミュニケーションのきっかけになれば、素晴らしいことだと思います。

　本書に書かれていることがすべてではありません。もちろん、今後の日本のプレッシングサッカーを構築していく上での大きなヒントはたくさん隠されていると思いますが、これをベースに日本の指導者の皆さんがさらに知恵を出し合えるきっかけになればと思っております。

　微力ながら、日本サッカーとその文化の発展につながることを願っています。

　最後に、今回のこの企画に賛同してくださった東洋館出版社の皆様と慶應義塾大学の須田芳正先生に心から感謝を申し上げます。

福岡正高

［著］
ラルフ・ペーター　Ralf Peter
ドイツサッカー協会指導者育成責任者

ドイツサッカー協会のコーチを務め、UEFA（欧州サッカー連盟）のＡ級及びプロライセンスにて指導者を指導している。ドイツサッカー指導者協会のトレーナー会議では、国内外を問わず講演を多数行い、人気を博している。ユースサッカー研究所においては、サイト記事の執筆及びクリニック講座も行っている（www.soccer-coaches.com）。ドイツ国内において、数多くの書籍を出版し、DVDの監修も務めるとともに、サッカー雑誌『サッカー・プラクティス』においておよそ110もの記事も執筆している。日本においては、『21世紀のサッカー選手育成法 ディフェンス編』（大修館書店、［訳］田嶋 幸三／今井 純子、2006年）を出版している。

[監訳]

須田芳正　Suda Yoshimasa

慶應義塾大学体育研究所准教授

1967 年生まれ。暁星小学校在学時にサッカーを始める。暁星高校卒業後、慶應義塾大学へ進学。その後、1990 年から 1992 年まで東京ガスサッカー部、1992 年から 1993 年まで浦和レッドダイヤモンズ、1994 年甲府サッカークラブでプレーし、同年限りで現役を引退する。引退後は、順天堂大学大学院へ進み、フットサルと出会う。フットサル選手としては、2000 年に日本代表に、その後日本代表コーチも務める。2004 年から 2007 年まで、母校である慶應義塾体育会サッカー部監督に就任。その後、オランダの CIOS（Centraal Instituut Opleiding Sportleiders）に留学し、オランダサッカー協会の 2 級及び欧州サッカー連盟 B 級の指導者ライセンスを取得した。帰国後、2011 年より再び慶應義塾大学体育会サッカー部監督に就任。主な著書に『フットサル教本』（大修館書店）、『やってみよう！フットサル』（東洋館出版社）など多数。

[訳]

福岡正高　Fukuoka Masataka

Rot-Weiss Essen（ドイツサッカー協会強化指定クラブ）指導者

1976 年栃木県生まれ。鹿沼高校、同志社大学卒業後、2002 年渡独し 2004 年よりケルンスポーツ大学に留学し、サッカー理論を学ぶ。2002 年から Adler Dellbrück U12 ～ U19 の監督を務める。2008 ～ 2009 シーズン Bergisch Gladbach U19（U19 ブンデスリーガ国内最高リーグ参戦）でコーチを務め、その後同クラブトップチームでコーチ。2012 年より、Rot-Weiss Essen U9 ～ U19 にて監督、コーチを務める（育成部全てのチームがドイツ国内トップリーグ参戦）。主な著書に『ドイツ流攻撃サッカーで点を取る方法』（講談社）がある。

実践！
常勝ドイツのプレッシングメソッド
Pressing im Fussball

2019（平成 31）年 2 月 27 日　初版第 1 刷発行

著　者	ラルフ・ペーター
監訳者	須田芳正
訳　者	福岡正高
発行者	錦織圭之介
発行所	株式会社 東洋館出版社

〒 113-0021　東京都文京区本駒込 5-16-7
営業部　TEL：03-3823-9206
　　　　FAX：03-3823-9208
編集部　TEL：03-3823-9207
　　　　FAX：03-3823-9209
振　替　00180-7-96823
Ｕ Ｒ Ｌ　http://www.toyokan.co.jp

［装　丁］中濱健治
［本文デザイン・DTP］HOPBOX
［イラスト］HOPBOX
［編集協力］株式会社ナイスク　http://naisg.com
　　　　　　松尾里央 吉見涼
［印刷・製本］藤原印刷株式会社

ISBN978-4-491-03635-9　Printed in Japan